学習指導案の
理論と方法

米田　豊・植田真夕子 著

明治図書

はじめに

　小生の学習指導案との出会いは，学部3回生のときに受けた文部省（当時）小学校教員資格認定試験であった。三次試験は教育実習に代わるものであった。記憶をたどると，次のとおりである。

　机の上には，3年生の国語と5年生の算数の学習指導案が配付されている。それぞれの学習指導案は，本時の指導過程の半分までが示されている。大学附属小学校の授業のビデオが，学習指導案が示されているところまで流される。試験の課題は，本時の指導過程の後半を埋めることであった。それまで学習指導案を一度も書いたことはなかった。「子どもの気持ちを考えて書こう」とだけ意識した。何とか合格し，小生の教員人生が決まった。

　文部省は，教育実習に代わるものとして学習指導案を書かせることで，授業を進める力量を判断しようとしたのである。とても大切なことである。

　このようにして，学習指導案が小生の脳髄に刻印された。

　次の学習指導案との出会いは，高等学校での実習授業である。近世の商品作物である大和木綿で授業を創った。保仙純剛先生（折口信夫の高弟にして民俗学者）は内容の指導をしてくれたものの，学習指導案についての言及はなかった。これで中，高の社会科免許（当時）を得ることになった。

　二つの学習指導案との出会いは，何とも心許ない。初任の名古屋市立昭和橋小学校で学習指導案について衝撃を受ける。小生の生涯の宝物となる。

　本書では，小生が教員生活の中で大切にしてきた学習指導案の理論と方法を示した。『社会科教育』誌に2023年4月から2024年3月まで連載したものを再構成し理論編とした。そこに示された理論をもとにして，植田真夕子がより実践的な指導事例を執筆した。

　本書は，新採用の先生，新採用の先生を指導するメンターの先生，校内の研究リーダーの先生，管理職の先生に手に取っていただきたい。また，教育行政で学校の授業研修を担当する指導主事の方々にも読んでいただきたい。

　授業づくりに迷ったときに活用いただければ幸いである。

2024年8月

米田　豊

Contents

はじめに　002

1　学習指導案の理論と方法

1　なぜ，学習指導案を書くのか ……………………………… 008

2　なぜ，単元名や単元の指導計画に意を注ぐのか？ ……………… 014

3　なぜ，「目標記述に命をかける」のか？ …………………… 030

　　1　「知識」目標の理論　030

　　2　「技能」目標の理論　040

　　3　「思考，判断，表現」目標の理論　045

　　4　「主体的に学習に取り組む態度」目標の理論　049

4　「本時の展開」の理論を考える ……………………………… 056

　　1　目標達成に向けた本時の展開の構成について　056

　　2　授業仮説の理論　062

　　3　指導メモの発問，指示，補説（補足説明）の理論を考える　068

5　指導内容を決める理論を考える …………………………… 074

6　板書の理論を考える ………………………………………… 080

7　学習指導案を活用した事前，事後検討会の理論 ……………… 088

8　学習指導案の理論を点検するチェックリスト ………………… 094

2 明日の授業づくりに役立つ！
学習指導案の授業実践モデル

1 学習者である子どもにとっても実りのある
研究授業をめざして ………………………………………………… 102
1 子どもの主体性を保障し，
「分かる」「なるほど」が実感できる授業を　102
2 主体的・対話的で深い学びのある学習活動を　104
3 子どもが楽しくなる「秘密道具」の準備を　105
4 子どもの学びを促す発問の検討を　106
5 授業記録の蓄積を　107
6 効果的な学習活動をめざして　110

2 意図的，目的的な学習活動の「見える化」をめざした
単元名や単元の指導計画の実際 ………………………………… 114
1 学習活動の意図や目的を学習指導案に「見える化」させる理由　114
2 単元の指導計画に学習活動を位置づける目的　115
3 授業実践モデル 小学校第3学年社会科
「わたしのまちのすてきポイントを見つけて伝えよう」　116
4 授業実践モデル 小学校第3学年社会科
「119―守ろう　わたしたちの安全―」　117
5 授業実践モデル 中学校社会科歴史的分野
「鎌倉幕府が滅亡した理由にせまる！」　118
6 子どもの知的好奇心が高まる「単元名」をめざして　119

Contents　005

3 具体的なゴールとなる「目標記述」が明示された学習指導案の実際 … 120

1 子どもが「分かる」「できた」が実感できる授業をめざして 120

2 達成目標として明示される目標記述の具体―単元目標編― 121

3 達成目標として明示される目標記述の具体―本時の目標編― 123

4 授業実践モデル 小学校第5学年社会科
「北海道のひみつを探ろう！」 124

5 授業実践モデル 小学校第3学年社会科
「119―守ろう　わたしたちの安全―」 125

6 授業実践モデル 中学校社会科地理的分野「南アメリカ州」 127

4 明日の授業で活用したい「本時の展開」の実際 ………………………… 130

1 子どもの主体性を保障し，「分かる」「なるほど」が
実感できる授業 130

2 主体的な学びの土台となる子どもの「知る」学習活動 133

3 すべての子どもの学びの保障をめざした指導上の留意点 133

4 授業実践モデル 中学校社会科地理的分野「中国四国地方」 134

5 授業実践モデル 中学校社会科地理的分野「東北地方」 139

6 授業実践モデル 中学校社会科地理的分野「ヨーロッパ州」 141

7 授業実践モデル
中学校社会科公民的分野「企業の生産のしくみと労働」 143

5 板書型学習指導案の実際 ……………………………………………………… 146

1 1時間の授業を効果的に組み立てることをめざして 146

2 簡易版「板書型学習指導案」 148

3 初任者研修（校内研修）での活用 152

おわりに 156

1

学習指導案の理論と方法

1 なぜ，学習指導案を書くのか

学習指導案は授業者の「仮説の集合体」である。授業の事後検討会で学習指導案を活用し，仮説の有効性を検証することで，授業改善を図る。

1 はじめに

学習指導案[1]の形式については，各学校や教育委員会，教育研究所，教育センターで，そのひな形が示されている。しかし，そこに埋め込まれている理論を明示したものを見ることはない。このことは，学校教育現場や各教科の研究会においても同様ではないだろうか。

初任者研修では，担当の指導主事から学習指導案の作成と提出を求められる。また，学習指導案を作成して，初任者の代表が授業をすることも一般的である。初任者は，各学校や教育委員会，教育研究所，教育センターが示す形式に合わせて学習指導案を完成させるのに汲々としていないだろうか。

授業者は全精力を傾注して学習指導案を作成する。しかし，学習指導案への同僚の意見や代案，研究主任や管理職，指導主事の指導助言は，総花的になり，「学習指導案の形式と内容は星の数ほどあるから」などと，事後検討会の議論が進まない。こうなると，授業者は提案した授業で何を獲得したかが不明確となり，次の授業への意欲を育てることができない。とりわけ，初任者の指導においては，次の授業への意欲を育てる学習指導案への取組が大変重要である。

このことは教育実習においても同様ではないだろうか。「せめて学習指導案を書けるようにして実習に送り出してほしい」と，附属小学校のメンターによく言われた。メンターが要求していたことは，学習指導案の形式に埋めることであった。授業づくりの苦労と達成感を学習指導案作成の過程で味わわせてほしい。そのためには，学習指導案の構成要素の中に理論があること

を，大学の教科教育法と連動させて学ばせていきたい。

　ここまで論じたことの原因は，学習指導案を書く意図，目的，そこに明示されるべき理論がないことにある。授業者は，今までの自身の授業から暗黙のうちに理論を習得している。それを明示することができないので，特に，教育実習生をはじめ経験の浅い教員は，的確な学習指導案の作成に至らないのである。このことは，教科を問わず言えることである。

　本書では，第1章の理論編において，先人の理論と実践に学びながら，授業づくりの根底にある学習指導案の理論を提示する。

　第2章の実践編において，第1章で提示した学習指導案の理論を組み込んだ授業実践モデルを示す。

　教科を問わず，新採用の先生や学校教育現場の先生，研究会のリーダー，指導主事，管理職の先生にも活用していただけるように意を尽くしたい。

　本節では，そもそも「なぜ，学習指導案を書くのか」を論じる。

　学習指導案を書くとき，その意図，目的をもっているのと，形式に埋めるのとでは，その成果に雲泥の差が出る。

　授業へのこだわりをもって，学習指導案を書く意図，目的を知ることで，授業研究における授業者の立ち位置も明確になる。

2　なぜ，学習指導案を書くのか

(1)　「仮想学習指導案」を書く

　筆者は，教員としてのスタートを名古屋市立昭和橋小学校できった。初任者のために最初の示範授業（当時は「師範授業」）を，理科の桜井敏正先生（故人）にしていただいた。桜井先生は名古屋市の「理科の桜井」と言われていた。事前に，B4で2枚の学習指導案と教科書が配付された。

　筆者は，画板に模造紙（名古屋市では「B紙」とよんでいた）を貼り，4Bの鉛筆を5本もって，一言も書き漏らすまいとはりきって研究授業に臨んだ。詳細に授業記録をとり，事後検討会に備えようとしたのである。しかし，

1章　学習指導案の論理と方法　009

研究授業のあと，教務主任の小原俊幸先生（故人）によばれて，「即刻荷物をまとめて奈良に帰れ」*と言われた。

　何ができていなかったのだろうか。想像できるだろうか。

　当日は，桜井先生の研究授業に全教員が参加した。筆者を除いて，全員が「仮想学習指導案」を作成して，研究授業に参加していたのである。自分は本時をこのように展開するだろう，と仮説的に学習指導案を書いていた。筆者にはそれがなかった。「奈良に帰れ」の理由はここにあった。自分ならこのように授業を構成するという「仮想学習指導案」をもって研究授業に参加すれば，計り知れない収穫がある。

　事後検討会のあと，桜井先生は「きょうの授業を改善するとすれば，どんな学習指導案になるか考えてください」と言われた。当然，一睡もしないで「仮想学習指導案」を書いて，翌日ご指導いただいた。このような取組は日常的にはとうていできない。しかし，ここ一番の研究授業でがんばって取り組めば，当然授業の力量が高まる。筆者が「改善学習指導案」を書くことを提案する理由はここにある。

　ただし，ここで論じたことは，学習指導案を書くことが授業の力量を高めることにつながることを主張しただけで，学習指導案の理論を明示したわけではない。いわば，現象的な関係を示したに過ぎない。それでは，学習指導案を書く本質的な理論は何であろうか。

(2)　学習指導案は仮説の集合体である。学習指導案には，授業者の授業構成の意図，目的を仮説的に示す

　筆者は，学習指導案について，次のように論じたことがある。[(2)]

　学習指導案とは，教科等の授業の手順を事前に構想した授業計画であり，授業展開の過程を示したものである。学習指導案には，次の二つの意義があると考えている。

　◇　授業者の授業研究についての意図（仮説）を明示し，その有効性の検討に

資する。

　◇　授業者の授業構想が明確化され，「授業展開のタクト」が学習者の学びの
　　　プロセス（過程）として明示される。

　学習指導案とは，授業者の授業の意図，目的を仮説的に示したものである。
つまり，学習指導案には，「授業者の授業のウリ」を明示することが大切で
ある。当然，「授業展開のタクト」も仮説的に示されることになる。筆者は
このことを「授業仮説」とよんでいる。本書をとおして，学習指導案に「授
業仮説」を明示することの大切さについて詳細に論じる。
　新見謙太は，学習指導案について次のように論じている。[3]

　（略）一単位時間の授業や一単元の学習展開のスタート，コース，ゴールが
分かる青写真（設計図）と運行表のようなものである。この青写真と運行表は，
これから行う授業に対する指導者のイメージ，つまり，このような授業を創り
たいという願いを表現したプランである。（略）子どもの教材とのかかわり方
や反応は，十把ひとからげに想定できるものではない。一人一人の子どもの反
応を見通しながら，丹念にイメージを描く必要がある。

　「青写真（設計図）と運行表」「指導者のイメージ」「授業を創りたいとい
う願い」「丹念にイメージを描く」という表現から，学習指導案は仮説的に
書かれたものであるという主張が読み取れる。つまり，想定される発問や指
示，補足説明も当然仮説的となる。
　仮説と予想とは違う。仮説には反証可能性が必要となる。つまり，代案を
示すことができるレベルまで引き上げて，学習指導案を書く必要がある。
実現可能性が最も高い形で，学習指導案を書く努力が重要となる。
　この実現可能性について，岩田一彦は次のように論じている。[4]

1章　学習指導案の論理と方法　011

> 　学習指導案は，（略）教師が最も確率が高いと予測した内容について仮説的に書かれたものである。この意味で，学習指導案は仮説の集合体と呼ぶにふさわしいものである。例えば，学習の目標にしても，学習指導要領および教科書から自動的に決まってくる訳ではない。これらの要素と地域性，児童の実態とが絡められて決められてくるのである。（略）そういう意味でも目標記述も，仮説的に授業以前に設定されているにすぎない。
> 　学習指導案は仮説の集合体である。
> 　学習指導案を書いていくとき，この命題を常に念頭に置いておくことが重要である。

　つまり，実現可能性をより高めるためには，教科の目標と合わせて地域や子どもの実態に応じた学習指導案を構想することが重要である。

　それでは，仮説の集合体としての学習指導案は，どのようにして授業理論を生み出していくのであろうか。

⑶　仮説の有効性を検証する情報を提供する

　ここに論じている仮説は，検証されたり，反証されたりして小さな授業理論の一つとなる。この作業は授業の事後検討会で行われる。ここで獲得された理論は，参加者に共有され，社会科授業研究の進展に寄与する。

　仮説が示されていない学習指導案は，事後検討会で活用されることは少ない。つまり，事後検討会の議論の柱が見つからないのである。

　なお，第1章第4節において授業仮説の理論について詳細に論じるので，理解を深めていただきたい。

　第1章第1節では，「なぜ，学習指導案を書くのか」をテーマに，仮説の集合体としての学習指導案を視点にして論じた。

　第2節以降，教育委員会等が示す学習指導案の形式に準じて，そこに組み

込まれるべき理論を示していく。具体的な授業実践モデルを提示しながら読者の実践に生かしていただけると幸いである。

【註・引用参考文献】
(1) 明治から大正にかけては，「教授案」とよばれることが多かった。その後，「指導案」とよばれるようになり，戦後「学習指導案」となり現代まで続いている。一方，「教案」ともよばれることもあった。「子どもに教える」という意識が強かったのである。
　　本書では，「子どもとともに学ぶ」という視点を大切にして，「学習指導案」と表記する。
(2) 米田豊「学習指導案と学習資料」星村平和監修，岩田一彦他編集『ＣＤ－ＲＯＭ版中学校社会科教育実践講座』vol. 4　（（株）ニチブン，2002）p.79
(3) 新見謙太「学習指導案の意義をどうとらえるか」溝上泰，片上宗二，北俊夫編著『学習指導案の類型と立案アイデア』（明治図書，1995）p.8
(4) 岩田一彦「学習指導案作成の理論」星村平和監修，岩田一彦他編集『ＣＤ－ＲＯＭ版中学校社会科教育実践講座』vol. 4　（（株）ニチブン，2002）p.73

＊　このような発言は，今日では「ハラスメントではないか」と言われるであろう。しかし，表現は厳しいものの「初任者を育てる」教員集団の役割分担がしっかりできていたと振り返ることができる。当時法的に初任者研修は位置づけられていなかったのに，無言のうちにメンターの役割が割り振られていた。事後検討会のあと，メンターの役割に位置づけられていた遠山守彦先生が，「仮想学習指導案を書く意義」を説いてくださった。小原先生や桜井先生の指示はなかったと思う。
　　職員室で初任者を育てる一つのモデルと受け止めていただきたい。

2 なぜ，単元名や単元の指導計画に意を注ぐのか？

単元で習得させたい知識（認識内容）をキャッチコピーのように表現する。単元の指導計画は，教材観や指導観の基盤となる。

1 はじめに

第2節からは，筆者が教員生活で見てきた（一般的によく見られる）学習指導案の構成にしたがって，そこに埋め込まれるべき理論を論じ，それに対応した授業実践事例を示す。

姫路市中学校社会科教育研究会と10年を超える研究をともにしてきた。その研究成果を世に問う意味で，第28回近畿中学校社会科教育研究大会兵庫大会が2022年秋に姫路市で開催された。

そこで示された学習指導案の構成要素は，次のとおりである。

```
1  単元名
2  教材観
3  生徒観
4  指導観
5  単元目標
6  単元の指導計画
7  研究主題との関連
8  単元の構造図
9  本時の目標
10  本時の授業仮説
11  指導過程
12  評価規準
13  本時の資料
14  板書計画
```

014

下線を付した7，8，10は，筆者と共同研究に取り組んでいる各地の研究会で提案しているものである。これらの3点以外は，よく見られる学習指導案の構成要素と考えている。そのなかでも，「2　教材観」や「4　指導観」を教育実習や初任者研修で学習指導案を書く際，何を書いてよいか苦労したのではないだろうか。学習指導案には，授業者の「めざす子ども像」が描かれ，その実現に向けた手立てが明示される。つまり，授業者の授業構想が明確化され，学習指導案が手立て（授業仮説）の有効性を検討する材料となる。

2　「教材観」や「指導観」に授業構想を具体的に明示しよう

　教材観とは，授業者が教材となる単元の学習内容をどのようにとらえているかについて述べるものである。そこには，教材の価値や学習指導要領における位置，他の単元との関連性や系統性についての考察が示される。また，教科横断的な学習内容においては，他教科の学習との関連性についても触れることとなる。つまり，本単元の学習がこれまでの学びとどのように関連しているのか，本単元の学習がどのように生かされていくのか検討することで，本単元の学習内容の価値や位置付けが明確となる。

　指導観とは，教材のもつ価値をどのような方法で指導していくのかについて，仮説的に述べるものである。何（本単元の目標）をどのように（学習過程や学習形態，資料，教材など）工夫して指導するのかについて，授業者の仮説を示すのである。まさに，指導観には，本単元の学習活動における授業者の意図や目的が具体的に示されるのである。

　また，子どもの実態を踏まえて，本単元の学習をとおしてめざす子ども像にせまるための授業者の手立ても仮説的に述べるものでもある。そのため，「3　生徒観」では，「これまでの子どもの学習に向かう姿や期待する姿」や「子どもに習得させたい知識や技能，能力」などが示されるのである。

　ここに論じたことの具体例を資料1に示す。

1章　学習指導の論理と方法　015

1　単元名　産業が発達したヒミツを探る！—中部地方—

2　教材観
　中部地方の産業は，農業，工業において全国的にも生産額が際立っている。また，東海，中央高地，北陸の3地域それぞれに特色ある産業があり，その産業の立地条件や発達の要因について，複数の資料から見出すことが容易であると考える。
　東海地方は，綿の生産地であることから繊維工業が盛んであった。その後，織物機械製造の技術を生かして輸送機械工業が発展した。現在，工業製品出荷額においては日本一となっている。また，大都市のある関東と京阪神の中間に位置するという立地条件に恵まれている。その上，温暖な気候や交通の便の良さを生かした施設園芸農業が盛んである。
　中央高地は，かつては，養蚕が盛んで製糸業が産業の中心であった。その地で，戦後，精密機械工業，電気機械工業が発達している。また，農業においても扇状地を生かした果樹栽培や冷涼な気候を生かした野菜作りが発達している。
　北陸地方では，豊富な雪どけ水を利用して米の単作が行われている。また，冬は積雪により農業ができないため，古くから副業としての地場産業が発達している。
　これらのことから，「産業」を中核考察として3地域を比較しつつ，中部地方全体の地域的特色を考察することは意義があると考える。

3　生徒観
　これまでの「日本の諸地域」学習では，基本的資料を読み取っていくことで，必要な情報を収集することができるようになった。九州地方の学習では，自然を中核に学習を進めてきたため，気候や地形に関する情報に着目する視点を習得した。中国・四国地方の学習では，他地域との結び付きを中核に学習を進めてきたため，交通，人口に関する情報に着目する視点を習得した。本単元においては，これまで習得した視点を活用しながら，課題解決に必要な情報を資料から収集・選択する学習活動を重視する。そして，読み取った複数の情報を比較したり関連付けたりしながら，社会事象について説明できる生徒の育成をめざす。

4　指導観
　本単元の学習では，統計資料や主題図，雨温図，地形図の資料を活用して，産業に関する情報を読み取らせていく。そして，地域ごとにみられる産業が発達している要因について，自然環境や，消費地と原料供給地との位置関係といった自然条件や社会条件を関連付けてとらえさせていく。
　また，三つの地域にはそれぞれ特色があることを主題図から読み取らせることで，単元を貫く問い「三つの地域で異なる産業が発達している中部地方はどのような特色があるのだろう」をもたせ，単元をとおして探究できる生徒の育成をめざす。

資料1　中学校社会科地理的分野　日本の諸地域「中部地方」（植田真夕子作成）

016

3　なぜ，単元名に意を注ぐか

　次に，「1　単元名」と「6　単元の指導計画」について，そこに埋め込まれるべき理論と授業実践事例を示す。

　学習指導案を作成するとき，単元名を考えることにあまり意を注いでいないのではないだろうか。新採用研修の校内研究授業を，5年生の伝統工業で行った。[1][2]

　学習指導案の単元名は，「日本の工業」であった。40時間の大単元である。「日本の工業」では，あまりにも漠然としている。単元の目標を考える際にも苦労が多くなる。小単元（7時間）で示すべきであった。小単元名は「伝統的な技術を生かした工業」である。この名称は，1977（昭和52）年版小学校学習指導要領における文言である。

　このときの学習指導案を現在の筆者の授業構成理論で分析すれば，近代工業の特色（概念：機械，分業，流れ作業，オートメーション，大量生産）との比較から，「伝統工業」の概念（道具を使う手作業，長い経験（熟練のわざ）が必要，100年以上の歴史がある）を習得させる構成になっている。

　とすると，小単元名「伝統的な技術を生かした工業」を子どもに示してしまうと，第一時の解（「伝統工業」の概念）を与えたことになる。そこで，小単元名（学習指導案には明示）を伏せて授業を構成し，授業の終末で子どもに単元名を考えさせ，ノートに書かせることにした。「伝統的な技術を生かした」につながる子どもの発言が，発表やノートに見られたら授業が成立したと判断することにしたのである。

　また，教科書の章の名前をそのまま単元名として使う場合も多いのではないだろうか。最近の教科書の節の構成（名称）には，各社のこだわり，工夫が見られる。現行の中学校社会科歴史的分野の2社の教科書の鎌倉時代の章や節の構成（名称）を比較してみる。[3]

1章　学習指導案の論理と方法　017

表1　中学校社会科歴史的分野の教科書比較

	A社	B社
章	武士の世の始まり	武家政治の始まり
節	①各地で生まれる武士団 ②朝廷と結びつく武士 ③鎌倉を中心とした武家政権 ④武士や僧侶たちが広めた鎌倉文化	①武士の登場 ②貴族から武士へ―院政と平氏政権― ③いざ鎌倉―武家政治の成立と展開― ④弓馬の道―鎌倉時代の人々の暮らし― ⑤祇園精舎の鐘の声―鎌倉文化と新しい仏教―

　とりわけB社は，それぞれに節の名称に，キャッチコピーのような工夫が見られる。各時間の終末に，本時のまとめをキャッチコピーのように書かせて，習得した内容を評価してもよい。また，教科書の節の名称をもとにして，子どもによりよい章の名称を提案させてもよい。

　2社の章の名称には，大きな違いが見られない。長い時代を扱うので，無理からぬことであろう。「時代を大観させる学習」の視点からも章の名称を子どもとともに考える授業づくりも提案できるのではないだろうか。

　「なぜ，単元名に意を注ぐのか」の解は，「その単元で習得させたい知識（認識内容）をもとにして，単元名に表現することができる」からである。[4]

　このことは，とりわけ，「日本の諸地域」学習の単元名に威力を発揮する。下池克哉論文と植田真夕子論文から論じる。[5]

　下池は，東北地方の単元名を「生活・文化を視点とした考察―祭りを通じた文化の継承―」としている。そして，東北地方で伝統的な夏祭りが多く受け継がれている原因を探究する過程で習得させる社会事象の因果関係を，図1のように設定した。

　この授業をとおして，単元の終末では，「祭りを通じた文化の継承」と同意の提案が子どもから出ることが期待できる。

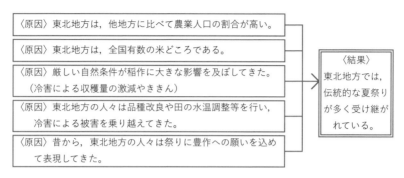

図1 本時で習得をめざす社会事象の因果関係

植田は，九州地方の単元名を「人々が自然と共生するくらし」として，表2に示す子どもの学習計画を作成している。

九州地方の学習を終えたところで，「人々が自然と共生するくらし」と同意の提案が子どもから出ることが期待できる。

教科書の章の名前には教科書作成者のこだわりはあっても，授業者のそれは表現されていない。授業者には，教科書の章と節の名称を参考にし，社会諸科学の研究成果を組み込みながら，こだわりのある単元名を考えていただきたい。そのためには，単元の指導計画に意を注ぎ，単元を貫く問いの解となるような単元名を考える必要がある。

表2 九州地方の学習計画

時	学習テーマ	子どもと授業者でつくる学習課題
1	単元を貫く学習課題を設定する。	自然は生命を脅かすときがあるのに，なぜ，人々は自然とともに生活を営むのだろう。
2	自然条件を克服したり活用したりする生活や産業の特色を探究する。	なぜ，鹿児島のテレビは天気予報で桜島上空の風向きを伝えているのだろう。
3	自然条件を活用した農業の特色を探究する。	なぜ，トマトは夏野菜なのに，熊本では12月に収穫のピークを迎えるのだろう。
4	自然環境を保全する工業の特色を探究する。	なぜ，水俣市ではリサイクルが推進されているのだろう。

1章　学習指導案の論理と方法　019

5	自然条件や歴史的背景を克服したり活用したりする産業の特色を探究する。	なぜ，沖縄県は全国と比べて第3次産業の割合が高いのだろう。
6	単元を貫く学習課題の解をまとめる。	自然は生命を脅かすときがあるのに，なぜ，人々は自然とともに生活を営むのだろう。
7	持続可能なまちづくりのあり方について探究する。	○○市は，これからどのようなまちづくりを進めていくとよいだろう。

4　なぜ，単元の指導計画に意を注ぐのか

　教科書の節立てをもとにして，単元の指導計画を作成する事例を多く見てきた。教育委員会や教育研究所等の事例集も同様である。

　本時の展開に意を注ぐあまり，それ以外の部分がおろそかになるのである。まさに，「木を見て森を見ず」である。

　筆者の学習指導案では，単元の指導計画が表3のように示されている。

表3　小単元の指導計画

(4)　伝統的な技術を生かした工業（7時間）
①　愛知の伝統工業が行われている地域…2時間 　第1時　伝統的な工業製品とくらし（本時） 　第2時　伝統工業の盛んな地域
②　伝統的な瀬戸赤津焼…3時間
③　伝統的な技術の保存と伝達…2時間

　はたしてこれが単元の指導計画と言えるであろうか。これは単元の時間配分を示しただけである。

　時間配分に加え，本単元で習得させたい知識（認識内容）を示す必要がある。単元の指導計画は「問いと知識の構造」で示し，その上で本時の展開を考えることが大切である。「木（本時）を見るために森（問いと知識の構造）を見る」ことが大切である。

　このことを，植田が作成した単元の指導計画をもとに考察する。

表4　九州地方の単元の指導計画

時	子どもと授業者でつくる学習課題	社会的な見方や社会的な考え方を鍛える問い
1	自然は生命を脅かすときがあるのに，なぜ，人々は自然とともに生活を営むのだろう。	九州地方はどのようなところだろう？ →九州地方の自然環境に着目
2	なぜ，鹿児島のテレビは天気予報で桜島上空の風向きを伝えているのだろう。	みんなが普段見ている天気予報と違うところは？ →気候と位置，地形に着目
3	なぜ，トマトは夏野菜なのに，熊本では12月に収穫のピークを迎えるのだろう。	トマトの旬はいつ？　熊本産トマトはいつ？　どこで売っている？ →地域間の結び付きに着目
4	なぜ，水俣市ではリサイクルが推進されているのだろう。	ごみの分別方法はみんなの地域と比べてどこが違うかな？ →環境保全に着目
5	なぜ，沖縄県は全国と比べて第3次産業の割合が高いのだろう。	沖縄県で有名なものは？　観光客が沖縄に行く手段は？ →空間的相互依存作用や交通に着目
6	自然は生命を脅かすときがあるのに，なぜ，人々は自然とともに生活を営むのだろう。	これまでの学習で分かったことをもとに，学習課題の答えを考えてみよう。
7	○○市は，これからどのようなまちづくりを進めていくとよいだろう。	わたしたちのまちでも，自然を活用したまちづくりはできるかな？　どのような地理的環境を活用するとよいかな？（社会的な考えを鍛える問い）

　「九州地方―人々が自然と共生するくらし―」の小単元を7時間で構成している。第1時から第6時までが筆者の探究Ⅰの段階である。[6]

　第1時では，単元を貫く問い（学習課題）を設定させている。「子どもと授業者でつくる学習課題」には，植田の子どもに向かう姿勢が示されている。

　第2時から第5時までは，単元を貫く問い（学習課題）の下位の問い（学習課題）を4点（①気候と位置，地形　②地域間の結び付き　③環境保全　④空間的相互依存作用や交通）と，それぞれのより下位の問いで構造化している。実際の学習指導案では，この4点の解が説明的知識として知識（認識内容）の目標として明示される。

　第6時は，探究Ⅰのまとめで，第1時の単元を貫く問い（学習課題）の解が習得される。植田は，ここまでを「社会的見方」を鍛える段階としている。

1章　学習指導案の論理と方法　021

ここで「人々が自然と共生するくらし」が説明できれば,「社会的見方」を鍛えたことになる。なお,第7時は探究Ⅱで,持続可能な社会を形成する視点で,環境モデル都市を考えさせる展開となっている。ここでは「社会的な考え方」を鍛えることとしている。

このように,単元の問い(学習課題)の構造を考えるとよりよい学習指導案を作成することができる。

5　単元の構造図の作成をめざして

筆者は,授業者に,「単元の構造図」を学習指導案に示すように依頼している。市川伸一は,知識の構造化について次のように述べている。

> 　知識を構造化するとは,概念や命題の間の関係を明らかにして整理することである。関係は,必然的な因果関係ばかりとは限らない。階層関係,類似関係,対比関係などいろいろなものがありうる。こうした関係を教授者から与えられる,あるいは,学習者が見出すことによって,記憶の負担は減り,想起も容易になる。[7]

知識を構造化することで,まず,1時間の学習で習得する知識を明らかにできる。1時間の学習で習得する知識を単元のまとまりで捉えて整理することで,単元の各時間それぞれの関連性を明らかにすることができる。

つまり,単元の構造図を作成することで,1時間の学習で習得した知識(説明的知識)を関連付けながら,概念的知識の獲得をめざす学習過程を授業者は構想できる。次頁の図2で,中学校社会科歴史的分野「中世」の単元を例示する。

図2に示すように,単元の知識の構造図を作成することで,知識の関係性を明らかにすることができる。なお,図2の単元の知識の構造図に対して,単元の問いの構造図は図3のようになる。

時代を大観させる問い「中世とは、どのような時代だったのだろう」

　中世とは、武士が登場して政治を行うとともに、民衆が自治を行うことができるほど力を強くしていった時代である。源頼朝が鎌倉幕府を開き、封建制度によって御家人と主従関係で結び付きまとまりをつくった。その結び付きの中で、承久の乱で西国に支配を拡大し、元までも追い返していった。しかし、元寇以降、御家人と将軍の主従関係は崩れ、鎌倉幕府は滅亡することとなった。

　その後、南北朝や室町幕府の時代は、守護の力が強まり、国を支配する守護大名が登場した。また、明や朝鮮と盛んに貿易を行い、地方の武士の力も強まった。貨幣経済が始まり、農村では生産技術が発達したり、様々な産業が発展したりして、民衆の生活も豊かになった。その中で、人々は結び付きを強め、一揆を起こし、自治を行う集団が増えた。応仁の乱で幕府の権力は衰退し、戦国大名が各地を支配するようになり、実力で打ち勝つ下剋上の風潮が広まった。

　このように中世は武士による支配と民衆の成長がみられる時代で、力強い武士の気質を表現する文化が誕生するとともに、武家や公家の文化が融合し、民衆にまで文化が広まった。さらに、戦乱の不安から人々は救いをもとめるようになり、様々な仏教が誕生した。

一時間の学習で習得する知識

第1時　権力を独占しようとする平氏に不満をもつ武士が多くなり、体制を築いた頼朝に味方する武士が多く現れた。守護や地頭として地方の支配……

第2時　鎌倉は、朝廷がある京都から離れており、また、守りやすく敵が攻めにくい地形（三方が山に囲まれ、南は相模湾に面した地形である）であるため、鎌倉に幕府を開いた。

第3時　武士が支配者となり、運慶や快慶など筋肉や血管など細部まで表現する文化が誕生し、これまでの優雅で華やかな貴族文化とは対照的な力強さを強調する。

第4時　御家人は、将軍と主従関係で「御恩」と「奉公」といった主従関係で結ばれていたため、政子の呼びか（け）に応えて御家人は全力で戦った。

第5時　将軍と主従関係で結ばれた御家人は、元寇に協力したものの、恩賞を与えられず、幕府への不満がつのり、鎌倉幕府を滅亡に追い込んだ。続く領地が細分化し、出費がかさんで生活が苦しくなり、分割相（続）……

第6時　御家人を統率する仕組みを整えるとともに、経済的に豊かになったため、義満は、土倉や酒屋を保護したり、南北朝を統一することができた。勘合貿易を行った。

第7時　李氏が建国した朝鮮国とは、朝貢貿易の形をとり交流を行った。青森の豪族、安藤氏がアイヌとの交易を行……たから、中継貿易の形で産物をやり取りした。尚氏が建国した琉球王国。

第8時　室町時代に入り、二毛作が発達し、牛馬や肥料を使う農業が日本各地に広まったため、米の収穫量が増えた。商品作物を売ったり、祭りを楽しんだりするようになり、貨幣経済が発達……この……していくこととなった。

第9時　農民は、惣をつくり結び付きを強めた。その関係をもつもの同士が結び付きを強め、「座」をつくっ……たとして、農民は、二毛作や商品作物の生産によってよくなった生活を守ったり、よりよい生活をつくるために、おきてをつくり、農民。

第10時　能や狂言が演じられたり、御伽草子と呼ばれる物語が書かれたりした。農業の発達にともなって、経済的な成長をとげたため、民衆に文化が広がり、農村の祭りで。

第11時　村や町で自治が行われるようになり、実力のあるものが支配者を倒すようになったから、将軍がもつ権力が各地で弱くなった。きくなった……民衆は力をもつようになったり、下剋上が各地で起。

図2　中学校社会科歴史的分野「中世」の単元の知識の構造図（植田真夕子作成）

第12時　時代を大観させる問い
「中世とは、どのような時代だったのだろう」
①政治 ②産業 ③社会の様子 ④文化の視点からまとめる。

一時間の学習課題

第11時	第10時	第9時	第8時	第7時	第6時	第5時	第4時	第3時	第2時	第1時
なぜ、下剋上が起きたのだろう。	なぜ、民衆に文化が広がったのだろう	なぜ、農民は村のおきてをつくったのだろう。	室町時代は耕地面積は増加していないのに、なぜ、米の収穫量は増加したのだろう。	日本は、東アジアとどのように関わりをもったのだろう。	なぜ、足利尊氏は南北朝を統一することができたのだろう。	元の侵攻を防いだのに、なぜ、鎌倉幕府は滅亡したのだろう。	なぜ、御家人は承久の乱で「一所懸命」戦うことができたのだろう。	東大寺南大門が1199年に再建されたのは、なぜだろう。	なぜ、源頼朝は鎌倉に幕府を開いたのだろう。	なぜ、多くの武士が頼朝の味方になったのだろう。

図３　中学校社会科歴史的分野「中世」の単元の問いの構造図（植田真夕子作成）

　子どもがどのような学習課題で探究するのか，各時間の問いを見ることで
わかるようになっている。そして，第１時〜第11時で探究して分かったこと
をもとに，第12時「中世とは，どのような時代だったのだろう」の解を子ど
もはまとめることができる。

　このような単元の問いの構造図を作成することで，時代を大観する授業が
設計できる。

　知識を構造化して示すことで，授業者は，関連付けて読み取らせるとよい
情報の関係性が見えてくる。

　このことは，１時間の授業でも同様である。

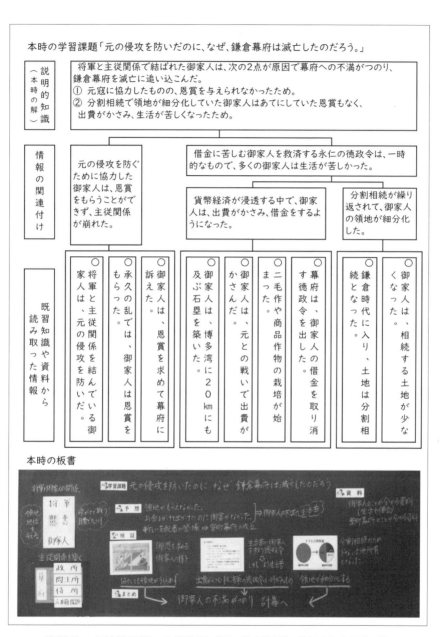

資料2　1時間の問いの構造図（5／12時間）（植田真夕子作成）

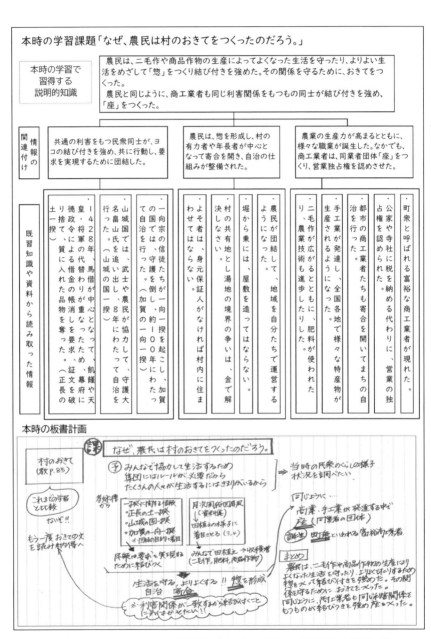

資料3　1時間の問いの構造図（9／12時間）（植田真夕子作成）

資料２と資料３は，「中世」の単元の１時間の知識の構造図である。既習知識や資料から読み取った情報を思考の材料とする情報と位置付ける。そして，それらの情報を比較したり，関連付けたりしながら，分析的知識，説明的知識の習得に至るまでの１時間の学習過程を構造化して示している。

　このような構造図を作成することで，授業者は資料活用のポイントも見えてくるようになる。

　単元の指導計画に意を注げば，自ずと教材観や指導観が書けるようになる。

6　単元，学年をまたぐ指導計画

　単元や学年をまたいで，授業を構想したことがあるだろうか。

　概念的知識を習得させるためには，複数の単元や学年をまたいでの指導計画が必要になる。

　菅原雅史（西宮市公立小学校教諭）は，このことに着目し，「ブランド化」の概念を，学年をまたいで習得させる理論を提案している。[8]

　４年生の「芝山がに」「篠山市の黒枝豆（丹波黒）」の県の学習から説明的知識を習得させている。また，５年生では，山形の「つや姫」愛媛の「みかん鯛」の学習から説明的知識を習得させている。これらから共通点を抽出させて「ブランド化」の概念を習得させることに成功している。

　単元の指導計画は，菅原実践のように長いスパンで「問いと知識の構造を意識して」立てることも重要である。

　単元，学年をまたぐ指導計画の具体的な事例は，図４のとおりである。

1章　学習指導案の論理と方法　027

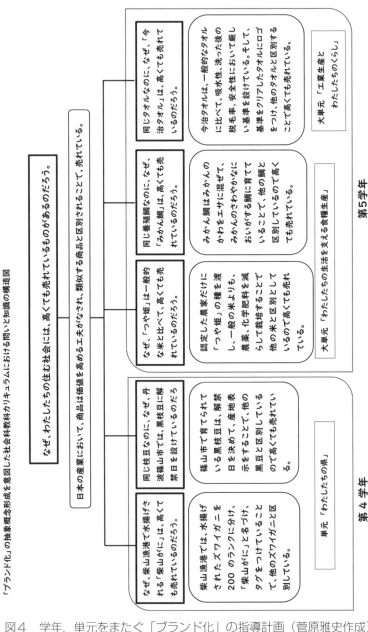

図4　学年，単元をまたぐ「ブランド化」の指導計画（菅原雅史作成）

【註・引用参考文献】

⑴ 「伝統的な技術を生かした工業」は，1977（昭和52）年版小学校学習指導要領に登場し，その後４年生の地域学習に移動している。

⑵ この授業は，1979年11月29日に名古屋市立昭和橋小学校で実施された。同校の研究集録に掲載されている。

⑶ ここでは小単元にあたるものを「章」，各時間を「節」と表記することにする。なお，ここでは教科書の記述内容の評価はしない。

⑷ 新しい評価の観点は，「知識・理解」から「知識・技能」に変わった。「知識・理解」の知識は「知る」，理解は「分かる」と考えると，評価を分析的に行える。したがって，「知識・技能」の知識は，知識，理解と考えるとよい。

⑸ 下池論文については，『社会科教育』2023年５月号（明治図書）pp.62-65を参照されたい。植田論文については，『社会科教育』2023年５月号（明治図書）pp.14-17を参照されたい。

⑹ 探究Ⅰ，探究Ⅱの授業構成理論については，米田豊編著『「習得・活用・探究」の社会科授業＆評価問題プラン　小学校編』（明治図書，2011）に詳しい。

⑺ 市川伸一『現代心理学入門３　学習と教育の心理学』（岩波書店，1995）p.72

⑻ 菅原雅史「抽象概念の形成を意図した社会科教科カリキュラムの開発，実践とその評価〜農業と水産業における『ブランド化』に着目して〜」2022年度兵庫教育大学大学院学位論文

3 なぜ，「目標記述に命をかける」のか？

目標の理論Ⅰ（「知識」目標の理論）
目標の理論Ⅱ（「技能」目標の理論）
目標の理論Ⅲ（「思考，判断，表現」目標の理論）
目標の理論Ⅳ（「主体的に学習に取り組む態度」目標の理論）

　修士課程や教職大学院のゼミ指導において，最も大切にしてきたことの一つに「目標記述に命をかける」がある。社会科の授業づくりの中核の一つである。本節では，学習指導案における目標の理論について論じる。

1　「知識」目標の理論

1　はじめに

　まず，知識目標に限定して，達成目標の理論を論じる。次に，単元の目標と本時の目標の論理整合性について論じる。この二つを「目標の理論Ⅰ」とする。知識目標の記述については，次の三つの課題があると考えている。

> (1)　授業づくりの過程で，本時の展開に注力するあまり，単元の目標を考えることがおろそかになっていないだろうか。単元の目標にこだわりをもたず，教科書会社が発行する指導書に頼りすぎていないだろうか。
>
> (2)　目標記述が方向目標となっており，子どもたちが目標を達成したかどうか（知識を習得したかどうか）が不明確になり，事後検討会の議論が深まっていないのではないだろうか。
>
> (3)　単元の目標と本時の目標，本時の展開に示された評価の三者に論理整合性がないのではないだろうか。

　あいまいで，つじつまが合っていない（論理整合性のない）目標記述では事後検討会の実りは少ない。「目標記述に命をかける」気概が大切である。

2　知識目標のとらえ

　評価の観点が4観点から3観点に変更され，従前の「知識・理解」が「知識・技能」となった。「知識・理解」については，次のように考えてきた。[1]

知識＝知る　　理解＝分かる

　「理解」がなくなっても，「知識＝知識，理解」と考えて目標記述を練ることが大切である。「知る」は社会事象そのものの事実を「知る」ことであり，「分かる」は社会事象の原因と結果が「分かる」ことであるという視点で，知識目標をとらえることが大切である。

3　方向目標と達成目標

(1)　方向目標

　「高知平野のピーマンの促成栽培について理解させる」。1985年の奈良県中学校社会科教育研究大会（橿原市立白橿中学校）における筆者の学習指導案の目標記述である。[2]

　授業の最後に，「きょうの授業では，高知平野のピーマンの促成栽培について学んだ」と，子どもがノートに書いたらどうだろう。この目標記述では，習得させたい知識が無限定で，子どもが目標を達成したかどうかを評価することができない。このような目標は「方向目標」とよばれている。

　中内敏夫は，例えば「人間相互の関係について正しい理解と協同，自主及び自律の精神を養う」といった，教育実践にとっての一般的な方向指示を行っている目標を「方向目標」と定義している。そして，学習指導要領における社会科の目標や各学年の目標も「方向目標」であると論じている。[3]

　方向目標では，目標の達成度を測ることはできない。中内の示した事例は，学校の教育目標によく見られるもので，その達成度については論じられるこ

1章　学習指導案の論理と方法　031

とは少ない。また，「総合的な学習の時間」の目標記述にも登場する。客観的な評価を視野に入れた目標になっていない。本来はこのような目標も改革し，評価を可能にすべきである。

(2) 達成目標

それでは，どのような目標記述にすべきであろうか。

先に示した研究授業では，筆者の授業構成理論から整理すると，次のような知識を構造的に習得することをねらいとしていたことになる。

社会事象の結果＝高知平野では，冬にピーマンの促成栽培を行っている。

社会事象の原因＝

　①自然の条件＝緯度が低く冬温暖である。黒潮が流れていて冬温暖である。北西の季節風の影響で冬快晴の日が多い。

　②社会の条件＝夏野菜であるピーマンを冬に作れば高く売れる。

（需要と供給の関係）

どのように目標を記述すればよいだろうか。次のように提案したい。

　高知平野の冬にピーマンを作る促成栽培について，次の自然の条件と社会の条件について理解する。

　①自然の条件＝緯度が低く冬温暖である。黒潮が流れていて冬温暖である。

　　北西の季節風の影響で冬快晴の日が多い。

　②社会の条件＝夏野菜であるピーマンを冬に作れば高く売れる。

（需要と供給の関係）

このように記述しておけば，高知平野における冬のピーマンの促成栽培について，分析的に知識の習得状況を評価することができる。このような目標記述は，「達成目標」とよばれている。

梶田叡一は，「達成目標」について，「特定の具体的な知識・理解や技能を完全に身につけることが要求されるといった目標。目標が達成された場合の

状態について明確な記述ができ，その記述によって目標達成性が確認できる」と述べている。[4]また，中内も「科学的な明晰さで評価基準を立てられる目標を到達目標」としている。[3][5]

4 単元の目標における「知識目標」

　単元の目標は，単元全体を網羅しなければならないので，どうしても方向目標となってしまう。また，事後検討会では本時に注力してしまうので，議論の対象となりにくい。

　しかし，習得させたい知識が明示されていなければ，単元の指導計画も立てることもできない。単元を貫くなぜ疑問の解と下位のなぜ疑問の解が，単元の知識目標として明示される必要がある。当然それは達成目標となる。

5 学習指導案における知識目標の整合性

　単元の目標と本時の目標の不整合な（つじつまが合っていない）学習指導案を見かけることがある。単元の目標に意を注いでいない証左である。

　また，本時の目標と本時の展開に示される評価との整合性も大切である。本時の目標に明示されていない評価項目が本時の展開の評価の欄に書かれた学習指導案に出会うことがある。知識目標の論理整合性が大切である。

　また，目標記述の論理整合性は，知識目標に限ったことではない。他の目標でも同様である。

6 目標の理論Ⅰ

(1)　知識目標は「達成目標」として書く。
(2)　単元の知識目標と本時の知識目標に論理整合性があること。
(3)　本時の知識目標と展開の評価欄の記述に論理整合性があること。

1章　学習指導案の論理と方法　033

以上で論じた理論をもとに，「目標記述」の理想型を示すと，次のように
なる。

　知識目標の論理整合性は，「目標と指導と評価の一体化の理論」となる。

　学習指導案の事例は，菅原雅史による実践である。

単元名　「江戸の社会と文化・学問」（9時間完了）

単元の目標［知識に関する目標］

〇江戸時代に全国各地で産業が発達し，流通経路の整備や販売の工夫（＊
　1）により町人が力をつけていったことから，町人の文化が栄え，新しい
　学問が起こったこと（＊2）を理解する。

「流通経路の整備や販売の工夫（＊1）」の具体的な内容

　〇「流通の整備」とは，「天下の台所」と呼ばれていた大阪から，船によって大
　　量の物資を江戸城下に運ぶことができるようになったことである。

　〇「販売の工夫」とは，江戸城下では，上方からくる「下り酒」と名前が付け
　　られ，下級，中級武士や裕福な商人を対象とした高級品として販売していた
　　ことである。

「町人の文化が栄え，新しい学問が起こったこと（＊2）」の具体的な内容

　〇「町人の文化が栄えた」とは，人形浄瑠璃や浮世絵が町人によって親しまれ
　　広がりを見せたことである。

　〇「新しい学問が起こったこと」とは，幕府の学問所や寺子屋で学ぶ人々が増
　　えた背景において，国学や蘭学という学問が次第に人々に広まったことであ
　　る。

単元の指導計画

次	時	学習課題	目標
一　江戸時代の人々のくらしについて知る	1	江戸のまちの人々はどのような生活をしていたのだろう。	○江戸のまちの様子について，次の3点のことを知る。【知識】 ・家康が江戸に来たころ（1590年）の人口は2000人だった。しかし1603年には15万人，その後100万人にまで増えることを知る。 ・武士，町人，百姓という身分があったことを知る。 ・江戸時代に広まった人形浄瑠璃や浮世絵という文化は「町人文化」と呼ばれていることを知る。 ○単元を貫く学習課題に対して予想を立てることができる。【主体的に学習に取り組む態度】 　単元を貫く学習課題 　　なぜ，江戸時代の文化や学問は町人から広まったのだろう。
	2	江戸時代の産業の様子はどのようなものだったのだろう。 なぜ，江戸時代の百姓は米の生産量を上げることができたのだろう。	○江戸時代の百姓の様子について次のことを知る。【知識】 ・農具の開発，改良が進み，肥料を使うことで，生産量が増えたこと。 ・荒れ地を開墾して新田を開発し，耕地面積を増やしたこと。 ・商人や村の有力者のなかには小さな工場を立てて製品をつくるものが現れたこと。 ○江戸時代の百姓が米の生産量を上げることができた理由について，資料から得た知識を関連付けて説明することができる。【思考，判断，表現】
	3	なぜ，大阪は「天下の台所」と呼ばれるようになったのだろう。	○江戸時代の町人の様子と背景について次のことを知る。【知識】 ・町人にかけられる税金は百姓より少なかったこと。 ・大阪は「天下の台所」と呼ばれ，商業の中心地であったこと。 ・大阪から江戸まで船の航路が整備され，大阪から江戸へ各地の特産品が送られることになったこと。
	4	当時の西宮の産業はどのような様子だったのだろう。 　「山田錦」も「宮水」もなかったのに，なぜ「下り酒」は江戸で人気があったのだろう。	○西宮でつくられた酒について次のことを知る。【知識】 ・江戸時代，西宮でつくられた酒は，特産品として扱われ「下り酒」と呼ばれていたこと。 ・江戸に運ばれる下り酒は年々増えていったこと。 ・宮水が発見されたのは1840年，山田錦が開発されたのは1923年であること。 ・丹波杜氏は1755年から出現したこと。 ○宮水が発見されたのは江戸後期，山田錦が開発されたのは大正時代であることから，本時の問いを

1章　学習指導案の論理と方法　035

			つかみ，問いに対して予想を立てることができる。【主体的に学習に取り組む態度】
二　江戸時代の産業の様子	5本時	「山田錦」も「宮水」もなかったのに，なぜ「下り酒」は江戸で人気があったのだろう。	○西宮でつくられた下り酒が江戸で人気になった理由について次のことが分かる。【知識】 ・上方から江戸への「下りもの」の酒として品質が良い酒として扱われたこと。 ・丹波杜氏の仕込む技術と六甲おろし（六甲山から吹き降ろす冷たい風）といった酒づくりに合う条件がそろっていたことで，関東でつくられるお酒に比べて品質がよかったこと。 ・六甲山から流れる川を使った水車による精米により，酒を大量に生産することができたこと。 ・船によって一度に大量の酒を江戸に運ぶことができたこと。 ○授業の終末に新たに疑問に思ったことを問いの形で表現することができる。【主体的に学習に取り組む態度】
三　江戸時代の町人の文化や学問について分かる	6	なぜ，人形浄瑠璃や浮世絵は江戸時代の人々に広まっていったのだろう。	○江戸時代に町人が楽しんでいた文化として次のことを知る。【知識】 ・近松門左衛門は町人の苦しみや悲しみを台本にした人形浄瑠璃を作ったこと。 ・日常を絵にした浮世絵が広まったこと，特に歌川（安藤）広重は「東海道五十三次」を世に出したこと。 ○検証に必要な情報を資料より収集することができる。【技能】 ○人形浄瑠璃や浮世絵は江戸時代の人々に広まっていった理由について資料から読み取った情報を関連付けて仮説を検証できる。【思考，判断，表現】
	7	なぜ，江戸時代に新しい学問が人々の間に広まっていったのだろう。	○国学が人々の間に広まった理由として次のことが分かる。【知識】 ・本居宣長が『古事記』や『日本書紀』を研究し，仏教が広がる前の日本人の考え方についての関心が高まっていたこと。 ・国学は武士や町人，百姓といった誰でも学べる学問であったこと。
	8		○蘭学が広まったことについて次のことが分かる。【知識】 ・杉田玄白がオランダ語の人体解剖書を3年半かけて翻訳したこと。 ・オランダ語の入門書や辞書が作られ，医学，天文，地理といった分野の知識や技術が有力な町人の中で広まったこと。

| | 9 | なぜ，江戸時代の文化や学問は町人から広まったのだろう。 | ○単元で学習したことをもとにして百姓や町人の生活，西宮の酒づくりを例とした産業の発達によって，町人を中心とした文化や学問が広まったことをまとめ，イメージマップに示すことができる。【技能】
○単元を貫く学習課題に答えるために，単元で学習した知識を関連付けることができる。【思考，判断，表現】
○単元を貫く学習課題に答えたのち，新たに疑問に思ったことを問いの形で表現できる。【主体的に学習に取り組む態度】 |

本時の学習展開（第5時）

学習活動	発問（○）指示（◎） 確認（◇）指導上の留意点（・）	予想される 子どもの反応（・）	資（＊） 評（◎）
1　仮説を確認する。	◇前の時間に出た仮説を確認しましょう。	・丹波杜氏のお酒のつくり方が上手だったからではないか。 ・酒づくりに適した気候があったからではないか。	
2　仮説を検証する。	◎資料から仮説があっているのか，間違っているのかが分かるところを探しましょう。 ・複数の仮説があるのでクラス全体ですべての仮説が検証できるようにする。	・船でたくさん運んでいたからではないか。 ・たくさんつくることができていたからではないか。	＊資料 1〜6
3　資料から読み取った情報を全体で共有する。	◎仮説を順番に確認しましょう。 ○「丹波杜氏のお酒のつくり方が上手だったからではないか」について，あっていますか，間違っていますか。 ○「六甲おろしによって，酒づくりに適した気候があったからではないか」について，あっていますか，間違っていますか。	・資料2より，酒づくりの高い技術力をもっていたことが分かるのであっています。 ・資料5より，六甲おろしを生かして，蒸米を冷やし，作業を早く進めることは，たくさんの酒をつくることにつながるので，あっています。	

1章　学習指導案の論理と方法　037

学習活動	発問（○）指示（◎） 確認（◇）指導上の留意点（・）	予想される 子どもの反応（・）	資（＊） 評（◎）
4 問いに 対する解 をまとめ る。	○「船でたくさん運んでいたか らではないか」について，あ っていますか，間違っていま すか。 ○「たくさんつくることができ ていたからではないか」につ いて，あっていますか，間違 っていますか。 ◎今日の学習で分かったことを ワークシートに書きましょう。 ◎西宮の酒について人気があっ たという結果に対して，その 理由を書きましょう。 ・分かったことを数名の子ども に紹介させ，足りないところ については赤で追記させる。	・資料1と資料4から， 江戸の初期は馬で運 んでいたときと比べ ると，一回に運ぶ量 は船の方が多いこと が分かるので，あっ ています。 ・資料6から水車精米 によって大量にお酒 をつくることができ ていたので，あって います。 ・西宮の酒が江戸で人 気だったのは， 「上方から江戸への 『下りもの』と言われ， 品質がよい酒として扱 われたこと」 「丹波杜氏の仕込む技 術と六甲おろしといっ た酒づくりに合う条件 がそろっていたことで， 関東でつくられるお酒 に比べて，質がよかっ たこと」 「六甲山から流れる川 によって水車による精 米ができ，酒を大量に 生産することができた こと」 「船によって一度に大 量の酒を江戸に運ぶこ とができたこと」	◎評価【知 識】 対象：ワー クシート

038

学習活動	発問（○）指示（◎） 確認（◇）指導上の留意点（・）	予想される 子どもの反応（・）	資（＊） 評（◎）
5　振り返りをする。	◎きょう分かったこととこれまでの学習で使った資料を比べて新たな問いを立てましょう。 ・説明的知識の習得に至るまでの過程を前時資料1，資料5，資料6を用いて振り返らせる。 ◎きょう分かったこととこれまでの学習で使った資料を比べてみましょう。 ◎問いを立てるために役立つ情報をワークシートに書きましょう。	・江戸時代には各地にたくさんの特産品がある。 ・宮水は1840年に見つかった。	◎評価 【主体的に学習に取り組む態度】
6　まとめと振り返りをする。	・本時で習得した説明的知識と比較される知識をワークシート【①】に記述させる。 ◎ワークシート【①】に記述したあと，「新たな問い」をワークシート【②】に書きましょう。 ◎どのような問いを立てたのか交流しましょう。 ・子どもが短冊に書いた問いを説明的知識の習得が契機となって呼び出された知識に着目し，分類する。	・下りものには他にどのようなものがあるのだろう。 ・宮水が発見されてから，西宮の酒の出荷数はどのくらい増えたのだろう。 ・西宮の酒が江戸への出荷量が減るようになったのはなぜだろう。 ・現在も船で東京に運んでいるのだろうか。 ・前に学習した江戸時代の特産品の地図と関係している。	

1章　学習指導案の論理と方法　039

2 「技能」目標の理論

1 はじめに

　本節では，「技能」目標をどのように記述し，評価規準を作成するかについて論じる。

　指導主事をしているゼミ修了生や共同研究をしている研究会を担当している指導主事から，次のような声がよく聴かれる。

---

① 　各学校や研究会の指導場面で，技能の評価の在り方について，先生方が納得できる指導ができない。文部科学省（以下「文科省」）の『「指導と評価の一体化」のための学習評価に関する参考資料　小学校社会』[6]（以下『参考資料』）に示された事例は，どの単元でも使える表現で，具体の授業場面では活用しづらい。

② 　文科省からは，『参考資料』でも「思考・判断・表現」と示し，三者を一体として評価することを求めている。しかし，実際の授業では，三者が一体として現れる場面はない。また，『参考資料』に示された事例では，「～考え，表現する」（この二つも場面が違う）と書かれることが多く，「判断」について，各学校や研究会での事後検討会で指導するのに苦慮している。

　この二つのことの理由は，学習指導要領や『参考資料』の文言が，最大公約数的な記述になっているからである。

　文科省の示していることを，より具体的な学習指導案の文言に批判的に変換し，目標や評価規準として示すのが，学校教育現場の先生方や指導主事，研究者の責務である。

　そこで，本項では，前項で論じた知識に関する目標を達成目標で書くのと同様に，技能目標と評価の理論について論じる。

2 技能目標と評価

(1) 『参考資料』における単元の評価規準作成のポイントの整理[7]

　文科省が『参考資料』で示している「技能」の評価規準作成のポイントを整理すると，次のようになる。

---

① 知識・技能については，「～を調べ，～まとめ，～理解している」などと知識と技能を関連付けて評価規準を作成する。

② 子どもが身に付ける技能とは，調査活動や諸資料の活用など手段を考えて問題解決に必要な社会的事象に関する情報を集める技能，集めた情報を「社会的事象の見方・考え方」に沿って読み取る技能，読み取った情報を問題解決に沿ってまとめる技能などである。

---

(2) 技能目標と評価への提案

① 知識と技能の関連付けはできるか。

　知識と技能を関連付けるとは，目標や評価規準を一文で表すことであろうか。技能を活用した結果として知識を習得するのではないか。「～を調べ，～まとめ」は技能を示し，「～理解している」は知識を示している。

　このような目標記述や評価規準では，目標の達成度を測ることがあいまいになる。知識目標と技能目標を別々に示した方が，それぞれの授業場面（評価場面）が明確になる。つまり，本時の展開における該当の位置がシャープに明示され，事後検討会で目標を達成できたかの議論を焦点化することができる。

　学習指導案には，知識目標と技能目標を別々に示し，本時の展開には，技能が活用される場面（評価場面）を明示することが大切である。

　『参考資料』では，技能の評価規準は「見学・調査したり，地図などを調べたりして，まとめている」などと示されている。知識の評価規準は，個別

1章　学習指導案の論理と方法　041

具体的で達成目標的に示したとしても，技能の評価規準をどの単元でも使えるような方向目標的に示したとしたら，目標相互の論理整合性がなくなってしまう。

　つまり，見学・調査や地図などの資料活用の具体を示さないと，授業場面で使うことができない。本時の目標と評価規準は，授業評価の鍵となるからである。

②　技能単体での評価は可能か。

　(1)②で整理したように，技能は，情報を集める技能，読み取る技能，まとめる技能である。授業場面で，このような技能を見取るとき，子どもの頭の中はどうなっているのだろう。

　研究授業のあと，子どもに「なぜこれらの資料から，『なぜ疑問』の答えが出たの」と尋ねたことがある。「AとBの資料を比べたから」「CとDの資料を結び付けたから」と返ってきた。子どもの言葉を補足すると，「A(C)の資料から読み取ったことと，B(D)の資料から読み取ったことを比べた（結び付けた）から」となる。情報を集めたり，読み取ったりする技能は，技能単体ではなく思考操作（ここでは比較や関連付け）と連動することが分かる。

　社会科授業の中核となる「なぜ疑問」の仮説を検証する場面での技能は，思考操作そのものである。技能の評価は，思考に組み込んでもよいかもしれない。

3 目標の理論Ⅱ

(1) 知識目標と技能目標は，峻別して書く。

(2) 技能は，情報を集める技能，読み取る技能，まとめる技能である。

(3) 本時の技能目標と展開の評価欄の記述に論理整合性があること。

　以上で論じた理論をもとに，「目標記述」の理想型を示すと，次のようになる。

　技能目標の論理整合性も，「目標と指導と評価の一体化の理論」となる。

　学習指導案の事例は，筆者が共同研究で開発した授業モデルである。[8]

単元名　「水産業のさかんな地域」（10時間完了）

本時の目標［技能に関する目標］

○　学習課題の解決に向けて必要な情報（＊）を資料から読み取ることができる。

「学習課題の解決に向けて必要な情報（＊）」の具体的な内容

・地域人材や地域資源を活用していること

・陸上養殖の利点（環境負荷が少ないこと，労働力が軽減されること）

・安定供給ができること

本時の学習展開（第9時）

学習活動	指導上の留意点
1　学習課題を設定する。 ○　この海鮮物はどこでとれるのだろう。	・「温泉トラフグ」の写真（教科書資料③）を提示し，地図帳や教科書を使って，産地を調べるよう指示をする。 ・本時の授業で扱う海産物が養殖されている場所の様子を写真（教科書資料②）で提示し，海から離れている山間部で養殖されていることを確認する。また，栃木県の位置を地図帳で調べる。

1章　学習指導案の論理と方法　043

【本時の学習課題】海産物であるのに，なぜ，「温泉トラフグ」は海から離れた内陸部で養殖されているのだろう。

2　予想を立てる。 ○　温泉トラフグが山間部で養殖されている理由を予想しよう。	・これまでの学習を振り返りながら，予想をノートに記述させる。 ・グループで予想を確認，発表させるとともに，その理由についても確認する。 ・ここまでの学習活動では，教科書を開かずに，黒板や大型電子黒板に活用資料を提示し，そこから必要な情報を読み取らせる。
3　資料選択を行う。 ○　どのような資料があると確かめることができるだろう。	《子どもが求める資料》 ・生産者が分かる資料　・生産方法が分かる資料 ・産地の情報が分かる資料　・生育条件が分かる資料 ・生産量や価格が分かる資料
4　検証する。 ○　予想が正しいか，確かめてみよう。	・学習課題解決に必要な情報を資料から収集させる。【☆評価：技能　ワークシート】 ・検証に活用する資料については，事前に収集した資料を加工し，子どもが読み取りやすいものを配付する。 ・その地域で養殖されている理由が分かる情報を抽出し，ホワイトボードに箇条書きで記述するように指示する。 ・グループ発表する際は，「社会開発」（地域の活性化），「環境保全」（生産地の自然環境を生かした養殖），「経済開発」（利益やコストの削減）といった視点に着目させるように，下線を加える。
5　まとめをする。 ○　学習課題に対する答えを分かったことをもとにノートにまとめよう。	・企業が地域資源を有効活用している様子を追資料として提示する。 ・地域の自然を活用し，あまり環境負荷をかけずに水産資源を増やそうとしている取組であることを確認する。 ・陸上養殖は，本事例のように成功したものばかりではないことを知らせ，コスト面や流通面において課題があることを把握させる。 ・「陸上養殖」をキーワードに，他の事例についても調べてもよいことを伝える。

3 「思考，判断，表現」目標の理論

　本節では，「思考，判断，表現」の目標をどのように記述し，評価規準を作成するかについて論じる。

1 「思考，判断，表現」の目標記述の作成に向けて

(1) 『参考資料』における単元の評価規準作成のポイントの整理[9]

　文科省が『参考資料』で示している「思考・判断・表現」の評価規準作成のポイントを整理すると，次のようになる。

---

　① 思考・判断・表現は一体のものとして評価（評価規準を作成）する。

　② 思考・判断・表現の評価の場面は，次の二つである。

　・「～着目して，問いを見いだし，～考え評価する」という「追求場面」

　・「～比較・関連付け，総合などして，～考えたり，学習したことを基にして，選択・判断したりした表現する」という「解決場面」

---

(2) 思考，判断，表現の目標と評価への提案

① 思考と表現を峻別して評価することで，それぞれが現れる授業場面（評価場面）が明確になる。

　例えば，問いを見いだす場面では，分類，比較，関連付けの思考操作の結果として，問いが生成（表現）される。ここでの問いは思考の結果を表現したものである。ここで評価されるべきは，思考操作であって表現ではない。また，「なぜ疑問」への仮説を検証する「解決場面」では，思考操作の結果として得られた認識内容を表現したのが知識である。ここで評価されるべきは，思考操作の結果の表現としての説明的知識ではなく，分類，比較，関連付けの思考操作そのものである。「分類できたか，比較できたか，関連付け

1章　学習指導案の論理と方法　045

たか」の評価である。

そのためには、分類、比較、関連付けの指標（視点）を明確にする必要がある。なお、概念的知識の習得には、複数の説明的知識を一般化する帰納的推理（思考）を働かせるという思考操作（概念化）が必要となる。

② 判断は、事実判断と価値判断[10]に分けると、目標と評価が設定しやすい。

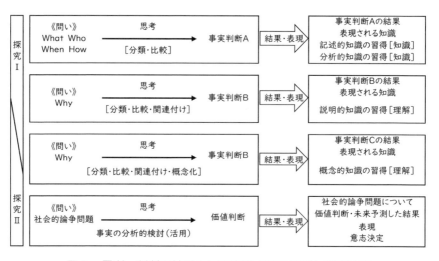

図1　思考、判断の結果として表現される知識と意志決定

図1に示すように、事実判断の結果として知識が習得される。その知識は三層の構造となっており、それぞれに分類や比較、関連付け、概念化の思考操作の結果として得られる知識である。

また、社会的論争問題への事実の分析的検討を経た価値判断の結果として意志決定に至ることも示している。学習指導要領や『参考資料』に言う「選択・判断」の一つはここにあたる。

2 目標の理論Ⅲ

(1) 「思考・判断・表現」は、「思考，判断，表現」ととらえる。

(2) 社会科における思考とは，分類，比較，関連付け，概念化である。

(3) 社会科における判断とは，事実判断と価値判断である。思考して事実判断の結果を表現すると，知識（説明的知識，概念的知識）となる。また，思考して価値判断の結果を表現すると，意志決定となる。

(4) 知識目標や技能目標の理論と同様に，思考，判断，表現の目標も，方向的な表記を避け，達成目標的に示す。

　以上論じたことをもとにして，橋口龍太（西宮市公立小学校教諭）の学習指導案の技能と思考，判断，表現の目標記述の具体例を示すと，次のようになる。[11]

　橋口は，「なぜ，国内のイチゴづくりは一年中行われているのに，バニーユ（ケーキ屋）は夏にアメリカ産のイチゴを使っているのだろう」という複文型のなぜ疑問で授業を構成した。その解（知識目標）は，次の二つである。

> ・一年中イチゴのケーキを作るために国産イチゴの入荷量が少ない夏にアメリカ産のイチゴを使っているから。
> ・国産イチゴの入荷量が少ない夏は，国産（kg約2,500円）と比べてアメリカ産（kg約2,000円）と価格が安いから。

　原因を達成目標で明示できている。

1章　学習指導案の論理と方法　**047**

技能目標は，次のとおりである。

・国産イチゴとアメリカ産イチゴの入荷量のグラフとそれぞれの価格の違いを
　読み取る。

それぞれの数値の読み取りに加え，国産とアメリカ産を比較する思考を働
かせている。そして，入荷量，価格を指標にして関連付けることを，思考，
判断，表現の目標として，次のように明示している。

・国産とアメリカ産のイチゴの入荷量と価格を関連付けて課題の解を導くこと
　ができる。

思考，判断，表現の目標も，知識目標や技能目標と同じように，方向的な
表記を避け，達成目標で示すことが大切である。

4 「主体的に学習に取り組む態度」目標の理論

　本節では，「主体的に学習に取り組む態度」をどう育てどう評価するかを論じる。

1　はじめに

　1989（平成元）年３月に新たな学習指導要領が告示された。その２年後に，観点別の評価項目が児童（生徒）指導要録の内容とともに周知された。

　その評価の内容は，「新しい学力観」とよばれた。とりわけ，４観点の筆頭に位置付けられた「関心・意欲・態度」の評価に注目が集まった。

　当時，筆者は２年間の兵庫教育大学大学院岩田一彦ゼミへの内地留学を終え，学校教育現場に復帰した。

　最後のゼミ修了後，６人の同期生は，自ら構築した授業構成理論と授業モデルをどう実践していくかという展望と，喫緊の課題である「関心・意欲・態度」の評価のあり方について語り合った。

2　「関心・意欲・態度」から「主体的に学習に取り組む態度」へ

(1)　「関心・意欲・態度」の衝撃

　異動する形で復帰した橿原市立畝傍中学校では，「関心・意欲・態度」の評価は話題になるものの，研修がもたれることはなかった。各教科の担当は，それぞれ「関心・意欲・態度」の評価について模索した。教科書やノートの忘れ物を点検して，「関心・意欲・態度」の評価をする教員がいた。また，授業で扱うことのない時事問題を定期テストで問い，「関心・意欲・態度」の評価とする同僚もいた。このような評価は，二つの課題がある。一つは，教科としての評価になっていないことである。忘れ物への対応は，その子の生活の背景に迫るべきである。もう一つは，指導者の営みが組み込まれてい

1章　学習指導案の論理と方法　049

ないことである。時事問題への子どもの関心は高まるであろう。それはテスト対策としてのもので，「関心・意欲・態度」の評価の本質から外れる。これらの課題から，「関心・意欲・態度」や「主体的に学習に取り組む態度」は，子どもがもともともっているものではなく，教員が育てるものであるという理論が導き出せる。

　筆者は，社会科では「態度」の評価は難しいので，小単元の最後にもっと調べてみたい「新たな問い」をもつことができるかで，「関心・意欲」を評価しようとした。「新たな問い」の質が評価規準であった。[12]しかし，評価の機会は少ないし，4観点のうち25％を占める「関心・意欲・態度」の評価の出口は見えないままであった。

(2)　「関心・意欲・態度」への警鐘

　当然のように，教育研究者から「関心・意欲・態度」へ警鐘がならされる。

　授業を考える教育心理学者の会は，『いじめられた知識からのメッセージ』を出版した。[13]副題は「ホントは知識が『興味・関心・意欲』を生み出す」である。知識と乖離して「関心・意欲・態度」は生まれないことの指摘である。

　ここからは，「関心・意欲・態度」や「主体的に学習に取り組む態度」は認識内容（知識・理解）とともに育てるという理論が導き出せる。

　しかし，この指摘は学校に届かず，「関心・意欲・態度」の評価は忘れられたものとなってしまった。当然，評価研究の対象にならなかった。

(3)　「主体的に学習に取り組む態度」の登場

　今回の改訂で，4観点から3観点となった。「関心・意欲・態度」を継承した観点として「主体的に学習に取り組む態度」が登場したと誤解されている。「関心・意欲・態度」の評価が心許なかったのに，「主体的に学習に取り組む態度」が充実するはずがない。このような歴史を繰り返すことは許されない。心情的な評価から脱却した新たな評価理論の確立が求められている。

3 目標の理論Ⅳ

(1) 「主体的に学習に取り組む態度」は，子どもがもともともっているもの
ではなく，教員が育てるものである。

(2) 子どもの「主体的に学習に取り組む態度」が濃く現れる場面（子どもの
姿）を次の3点に焦点化し，評価対象とする。[14]

① 既習知識を活用し，学習課題への仮説を立てる場面

② 対話により習得した知識をもとに，学習課題への仮説を立てる場面

③ 学習課題解決後に，「新たな問い」を立てる場面

　ここでは，学習課題解決後に，「新たな問い」を立てる場面の評価理論に
ついて論じる。他の二つは拙著の『「主体的に学習に取り組む態度」を育て
る社会科授業づくりと評価』（明治図書）の理論編と授業実践編を参照願い
たい。

　名古谷隆彦は「問い」について，次のように述べている。

> 　問いを質問の形にして相手に差し出すのは，すこぶる主体的な行為です。
> （略）「何としても聞き出したい」という気持ちが湧いてこなければ，質問は一
> 度きりで終わってしまいます。[15]（下線：筆者）

　大島泰文（元鳥取市立中学校教諭，現鳥取市教育委員会指導主事）は，名
古谷の論をもとにして，社会科における「主体的に学習に取り組む態度」の
評価対象について，次のように論じている。

> 　社会科の授業における「相手」とは，学習対象である社会事象にあたる。し
> たがって，生徒が「問い」を立てることができるということは，学習対象であ
> る社会事象について「知りたい」という気持ちが湧いている兆候である。[16]

1章　学習指導案の論理と方法　051

また，上田薫は「わからないことからわからないことへ」ということが，「真の理解の発展のありかた」であると，次のように主張している。

> 「わかる」から「わかる」へ進むとする考えかたと，「わからない」から「わからない」へと発展するとする考えかたは，一は静，一は動として根本的に対立する，矛盾から矛盾へ，わからないことからわからないことへ，ということこそ，真の理解の発展のありかたである。つねに疑問を残しているということこそ正しい。（後略）[17]

学習内容についての関心（主体性）が低ければ，子どもは学習課題解決後に「新たな問い」を立て，さらなる探究をしようとはしない。

以上論じたことから，「新たな問い」を評価対象とすることは，「主体的に学習に取り組む態度」を評価する理論となることと導き出せる。

4　未来志向の「新たな問い」

竹内哲宏（姫路市公立小学校教諭）は，「新たな問い」を位置づけた授業構成を提案している。[18]竹内は，探究Ⅰ（「分かる過程」）で，「なぜ，わたしたちは毎日，安全な水をたくさん使うことができているのだろう」の学習課題を探究させている。

第1時は，学習課題に予想を立てさせ，第2時から第6時で，説明的知識を習得させている。一例を示す。

> ・浄水場から各家庭へ安全を保ったまま水を送るために，取水口や市中で毎日水質検査をしたり，計画的に水道管を点検，取り換えたりしている。（第4時）

第7時は，学習課題の解決（わたしたちは，上下水道のしくみやそれを携

わる人々の取組，自然環境の支えによって，毎日安全な水を使える）後，「単元の学習をとおして分かったことをふまえ，よりよい水環境を考えるための問いを立てることができる」を目標に，振り返り発問による「新たな問い」を創らせている。

　竹内は，ここまでの授業過程を，筆者の理論を組み込んで図2のように示している。

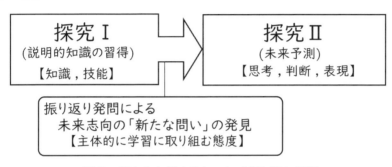

図2　探究Ⅰと探究Ⅱをつなぐ振り返り発問

　第7時の後半と第8時では，「これからの水環境」について未来予測（探究Ⅱ「考える過程」）をさせている。そして，「未来志向の『新たな問い』」を立てる授業構成」を図3のように示している。

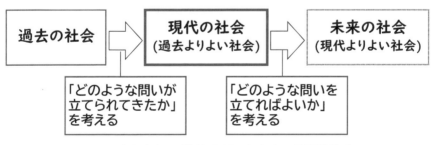

図3　未来志向の「新たな問い」を立てる授業構成

1章　学習指導案の論理と方法　053

「主体的に学習に取り組む態度」は，子どもの「主体的に学習に取り組む態度」が濃く現れる次の場面で評価するとよい。

① 既習知識を活用し，学習課題への仮説を立てる場面

② 対話により習得した知識をもとに，学習課題への仮説を立てる場面

③ 学習課題解決後に，「新たな問い」を立てる場面

本節では，観点別の評価理論（目標の理論）について提案した。大切なことは，方向目標的な記述から脱却し，達成目標的な記述に転換することである。方向目標のままでは，子どもの大切な学びを科学的に評価できない。

【註・引用参考文献】

⑴ 「知識・理解」と表記すると，知識と理解が一体となる。両者は意味内容が違うので，本来は「知識，理解」とすべきである。以後「知識，理解」と表記する。

⑵ この研究授業は，星村平和先生（当時兵庫教育大学大学院教授）にご指導いただき，ご講演も拝聴した。2022年鬼籍に入られた。心からご冥福をお祈りします。

⑶ 中内敏夫『増補 学力と評価の理論』（国土社，1976）pp.16-19

⑷ 梶田叡一『授業改革の論理』（文化開発社，1977）p.41

⑸ 伊東亮三は，橋本重治の論を整理し，達成を到達の上位概念ととらえ，「達成目標というのが，社会科の本質から考えて妥当である」としている。伊東亮三「達成目標の設定」伊東亮三編著『達成目標を明確にした社会科授業改造入門』（明治図書，1982）pp.22-56

⑹ 文部科学省 国立教育政策研究所『「指導と評価の一体化」のための学習評価に関する参考資料 小学校社会』（2020）

⑺ 前掲書⑹p.36を整理した。

⑻ 詳細については，植田真夕子・長川智彦・松浪軌道・米田豊「持続可能な社会における『社会開発』の視点を組み込んだ社会科教科書モデルの開発―小学校産業学習『水産業』の教科書分析をとおして―」社会系教科教育学会『社会系教科教育学研究』第32号（2020）pp.31-40を参照されたい。

⑼ 前掲書⑹pp.36-38を整理した。

⑽ 「事実判断」と「価値判断」については，岩崎武雄『正しく考えるために』（講談社，1972）に依拠している。

⑾　西宮市小学校教科等研究会社会科部会『改善学習指導案集』（2022）

⑿　岩田一彦「関心，意欲を育てる授業構成と分析」岩田一彦『小学校社会科の授業分析』（東京書籍，1993）

⒀　授業を考える教育心理学者の会『いじめられた知識からのメッセージ―ホントは知識が「興味・関心・意欲」を生み出す』（北大路書房，1999）

⒁　米田豊編著『「主体的に学習に取り組む態度」を育てる社会科授業づくりと評価』（明治図書，2021）

⒂　名古谷隆彦『質問する，問い返す―主体的に学ぶということ』（岩波書店，2017）

⒃　大島泰文「社会科における『主体的に学習に取り組む態度』の評価方法の開発―『振り返り場面』で生徒が立てた『問い』に着目して―」日本社会科教育学会『社会科教育研究』第139号（2020）pp.1-12

⒄　上田薫『知られざる教育―抽象への抵抗』（黎明書房，1958）

⒅　竹内哲宏「未来志向の『新たな問い』を立てる社会科授業＆評価プラン」前掲書⒁　pp.158-167

　　探究Ⅰ・Ⅱの授業構成理論については，米田豊編著『「習得・活用・探究」の社会科授業＆評価問題プラン　小学校編』（明治図書，2011）に詳しい。

1章　学習指導案の論理と方法　055

4 「本時の展開」の理論を考える

「学習活動」「指導上の留意点」の欄はどのように書くか。
「学習活動」の理論，「指導上の留意点」の理論を考える。

本節では，「本時の展開」について論じる。それは「本時の展開」の理論を考えることになる。新採用のころ，本時の展開は先輩諸氏の書いたものをなぞっていた。そこにある理論については考えることはなかった。研究授業のあとの事後検討会でも，「本時の展開」の構成要素やそれぞれの内容について議論した経験はない。

「本時の展開」に意を注ぐことは，授業がうまくなる近道である。

1 目標達成に向けた本時の展開の構成について

まず先人の「本時の展開」について整理する。

1 「本時の展開」の三類型

(1) ヘルバルトに代表される型

多くの学習指導案の「本時の展開」は，「導入→展開→まとめ」となっている。この形式は，明治期のヘルバルトの影響を深く受けている。

(2) 主体的学習[1]

「本時の展開」を「展開→まとめ→導入」とする村上芳夫の主張である。授業の終末の「導入」で，子どもに「予習的課題」を与える。次時の最初から「予習的課題」を活用して問いを探究する展開から始まる授業構成となる。

(3) 概念探究型社会科

岩田一彦の概念探究型社会科の授業構成理論を発展させ、「探究 I, 探究 II の授業構成理論」を提案した。[2]

(2)(3)の授業構成理論に共通しているのは、探究の主体を子どもにおいていることである。「なぜ疑問」の解である説明的知識を習得させるために、「予想・仮説の設定→仮説の検証のための資料の収集と選択、決定→選択した資料をもとにした検証」の学習活動が「本時の展開」となる。子どもの学習活動における主体性を保障しないと、説明的知識を注入する授業となる。

そこでポイントとなるのは、本時の展開における学習活動と指導上の留意点である。そこに理論が必要となる。

2 「学習活動」「指導上の留意点」の理論

どのような形式の学習指導案であっても、「本時の展開」には「学習活動」と「指導上の留意点」の欄が設けられている。しかし、その理論を論じた教育委員会等の資料を見たことがない。教育委員会等の資料や先輩の学習指導案をなぞって書くことが多くなる。また、それぞれの授業展開における大切さが意識されないので、とにかくこれらの欄を埋めることに汲々とする。「本時の展開」をどのように書けば、授業が「見える化」されるだろうか。

そこにはどのような理論が必要かを論じる。

(1) 「学習活動」の欄

「学習活動」の欄には、子どもがどのようなことに取り組む時間であるかを示すことが大切である。当然、方向（目標）的な記述を避け、達成（目標）的な記述が必要となる。探究 I の授業構成理論に対応させて考える。

「なぜ疑問の発見、把握」の段階では、「学習課題を設定する」「問いをもつ」「本時の課題を見つける」「解決したいテーマを話し合う」が考えられる。

1章　学習指導案の論理と方法　057

「予想・仮説の設定→仮説の検証のための資料の収集と選択，決定」の段階，「選択した資料をもとにした検証」の段階では，「予想を立てる」「予想を仮説に高める」「必要な資料を集める」「集めた資料から検証に使える資料を選択する」「（予想）仮説について資料を使って検証する」，ときには，「見学，調査に出かける」が考えられる。

「説明的知識の習得」の段階では，「学習課題の解をまとめる」「本時のまとめをする」が考えられる。

どの段階の記述も子どもの学習の姿が見えることが大切である。学習活動の主体は子どもである。だからこそ，「学習活動」の欄の表記は，子どもを主語にして書く。

(2) 「指導上の留意点」の欄

指導主事のときに見た「指導上の留意点」の記述で多かったのは，次のようなものであった。

> ・教科書の〇ページを音読させる。
> ・ノートを開かせる。
> ・話し合い活動をさせる。
> ・プリントを完成させる。
> 　・農業が盛んな理由について考えさせる。

「指導上の留意点」は，学習活動を促進したり，学習のねらいに迫ったりするための手立てである。先の5点は，「真」の手立てであろうか。ここに言う「手立て」とは，授業者のウリである。改善案を示す。

058

- 教科書や資料集から問題解決に必要な情報が組み込まれている資料を選択させる。
- ノートで既習事項を振り返らせ，違いに気付かせる。
- 話し合う中で，自分と共通する点や違う点に着目させる。
- プリントで本時の内容を整理し，本時の学習を振り返らせる。
- 農業が盛んな理由を気候や地形に着目して，資料から読み取った情報をもとに考えさせる。

　子どもが「分かった」「なるほど」を実感できる授業となるような記述でありたい。そうすることで授業は意図的な学習活動であることを再認識できる。

3 「授業仮説」

　本書で強調している「授業仮説」と「指導上の留意点」とはどのような違いがあるのだろうか。

　一般に仮説は，「もしAをしたらBとなるであろう」と表現される。Aは手立て，Bは手立てが達成できた理想の姿である。授業研究における仮説を「授業仮説」とよんでいる。Bにあたる理想の姿は，次の二つを想定できる。

(1) 目標を達成するための授業仮説
(2) 研究テーマを達成するための授業仮説

　目標や研究テーマを達成するために，授業者はどのような手を打つのかを学習指導案に明示することが大切である。これは授業者の理論，授業者の「ウリ」「意図」と表現してもよい。自ずと「指導上の留意点」と重みが違う。授業仮説を明示する意義は，次の二つである。

1章　学習指導案の論理と方法　059

(1)　授業者が授業研究についての意図（仮説）を明示し，その有効性の検討に資する。

(2)　授業者の授業構想が明確化され，「授業展開のタクト」が子どもの学びのプロセス（過程）として明示される。

　そのためには，学習指導案の本時の目標のあとに，「授業仮説」を明示し，「本時の展開」には字体を変えて示す工夫することが大切になる。[3]

　本章では，「本時の展開」の構成要素である「学習活動」「指導上の留意点」「授業仮説」の理論を示した。これらのことを組み込んだ具体的な学習指導案を例示する（資料1）。

資料1　「本時の展開」の理論を組み込んだ学習指導案（本時の展開）例
（橋口純，菅原雅史作成）

〈段階〉学習活動	発問・指示（○）指導上の留意点（・）	予想される子どもの反応
〈学習課題の発見・把握〉 1　学習課題をもつ。 ○自動車が増加するとどのようなことが起こるか考える。	○自動車が増えるとどのようなことが起こりますか。 ○交通事故の数はこのようになっています。 ・資料①「交通事故死亡者数のグラフ」を提示し，数値の変化に着目させ，自動車の数が増えているものの，交通事故は減少していることを捉えさせる。	・渋滞する。 ・交通事故が起こる。
〈本時の学習課題〉なぜ，自動車数が増えているのに，交通事故は減っているのだろう。		
〈予想の設定〉 2　学習課題に対しての予想をする。	○なぜ，減ったのか予想しましょう。 ・家庭学習で事前に保護者から聞いた「交通事故にあわないように気を付けていること」と自分の経験から考えさせる。	・法ができた。 ・信号が増えた。 ・車の性能がよくなった。
〈資料による検証〉 3　空欄になっている資料を読み取り，空欄に何が入る	○この資料は何について書かれているでしょう。 ○飲酒運転とはどういう意味でしょう。 ○交通事故の数はどうなっていますか。 ・資料③から，交通事故数が減ってい	・飲酒運転が原因で交通事故が起きた数。 ・お酒を飲んで運転すること。 ・減ってる。

かを考えて発表する。	ることや急激な変化が起きた年を読み取らせる。 ○大きく減った理由はなんだと思いますか。ペアで話し合いましょう。 ・ペアで空欄に何が入るか話し合い，交通事故数が減ったきっかけを考えさせる。[★授業仮説①]	・平成13年からすごく減っている。 ・法ができたからだと思う。 ・ノンアルコールビールができた。 ・お酒を飲む人が減った。

【授業仮説①】一部空欄にした飲酒運転による交通事故数のグラフを提示する。その空欄の内容を考え検証資料を完成させることで，消防の学習で習得した「法と火事を防ぐ設備を整えたから火災でけがをする人が減った」という知識の活用を促すことができるであろう。

	○どうして，そう思ったのですか。 ・根拠をもって予想することができるようにする。 ［★授業仮説②］	・ノンアルコールビールの CM を見た。 ・お父さんがお酒を飲むのをやめたから。 ・火災の学習で，火災報知器を設置する法ができたときに，設置する数が多くなって，交通事故もそうだと思った。

【授業仮説②】予想した空欄の内容に対して，「なぜそう考えたのか」と追質問することで，消防で習得した「法ができたから，火事でけがをする人が減った」という知識の活用を促すことができるであろう。

	○資料④からは，何が分かりますか。 ○横断中に亡くなった人の数は減っているけれど，これとは反対に何かが増えています。何が増えたのか考えてみましょう。 ・資料④から横断中に亡くなった人の数は減っているけれど，それとは反対に増えたものに視点を当てる。	・横断中に交通事故で死んだ人の数が減ってきている。 ・横断歩道。 ・信号機かな。
〈まとめ〉 4　本時の学習のまとめをする。	・学習内容をもとに，法と交通事故を防ぐ設備の観点から，交通事故が減った理由をノートにまとめさせる。	飲酒運転の法律が定められ罰が厳しくなったこと，信号を増加させ事故を防ぐ設備を整えたことで，交通事故が減っていることが分かる。【評価：知識，技能】

【子どもの記述例】飲酒運転の法律が定められ罰が厳しくなったこと，信号を増やして事故を防ぐ設備を作っているから，交通事故が減った。

1章　学習指導案の論理と方法　061

2 授業仮説の理論

1 授業仮説を設定する意義

　本項では，第1節や前項で提案してきた「授業仮説」について，その理論を論じ，具体的な実践事例を示す。第1節では，学習指導案を書く意義について3点示した。授業仮説に関わるものは，次の2点である。

⑴　授業者の授業構成の意図，目的を学習指導案に仮説的に示す。
⑵　（授業）仮説の有効性を検証する情報を提供する。

　⑴については，「学習指導案には，『授業者のウリ』を明示することが大切である。当然『授業展開のタクト』も仮説的に示されることになる。筆者はこのことを『授業仮説』とよんでいる」と論じた。

　⑵については，「ここで論じている仮説は，検証されたり，反証されたりして小さな授業理論となる。この作業は授業の事後検討会で行われる。ここで獲得された理論は，参加者に共有され，社会科授業研究の進展に寄与する」と主張した。

　岩田一彦は，授業研究における理論について，次のように論じている。

　（前略）授業後の研究会の様子は感想的な意見が飛び交うことになっている場合が多い。これはなぜだろうか。最大の理由は授業設計者が一貫した理論を明示して学習指導案を書き，授業実践をしていないからである。学習指導案が書かれているいじょう，暗黙の内に理論が存在している。しかし，それを明示しない，あるいは，できないでいるのが今日的状況である。（略）授業研究は理論の妥当性を検討することが第一の目的である。[4]

　岩田の言う「理論」とは，授業者の授業実践から帰納的に導き出されたものである。この理論は，多くの「授業仮説」の上に成り立っていると考える

ことができる。

つまり，学習指導案は，授業者の絞り込んだ授業設計（授業仮説）の集合体である。

2 授業仮説の理論

前項で「授業仮説」について，次のように論じた。「一般に仮説は，『もしAをしたらBとなるであろう』と表現される。Aは手立て，Bは手立てが達成できた理想の子どもの姿である。授業研究における仮説を「授業仮説」とよんでいる。Bにあたる理想の子どもの姿は，(1)目標の達成(2)研究テーマの達成の二つを想定できる」

目標や研究テーマを達成するために，授業者はどのような手を打つのかを学習指導案に明示することが必要である。

それぞれについて詳論する。

(1) 目標を達成するための授業仮説

研究テーマをもたない社会科授業研究では，本時の目標を達成するための授業仮説が大切となる。例えば，初任者研修における先輩教員の示範授業で学習指導案に授業仮説を示して，事後検討会で初任者の議論の中核としていただきたい。

ここでは，知識（理解）の目標を達成するために，授業展開のどの場面でどのような手を打つのかを学習指導案に明示することが不可欠である。

前項の資料１で紹介した橋口純，菅原雅史の学習指導案を見ていただきたい。ここから，授業仮説を抽出して論じる。

〈本時の学習課題〉「なぜ，自動車数が増えているのに，交通事故は減っているのだろう」（複文型のなぜ疑問）について，保護者から聞いた「交通事故にあわないように気を付けること」と自分の経験から「法ができたのではないか」「信号が増えたからではないか」「車の性能がよくなったからではな

1章　学習指導案の論理と方法　063

いか」と子どもが予想を設定している。

　ここで示されている授業仮説①は，次のとおりである。

　・一部空欄にした飲酒運転による交通事故のグラフを提示する。その空欄の内
　　容を考え検証資料を完成させることで，消防の学習で習得した「法と火事を
　　防ぐ設備を整えたから火災でけがをする人が減った」という知識の活用を促
　　すことができるであろう。

　ここでは，「ノンアルコールビールのCMを見た」「お父さんがお酒を飲
むのをやめた」という生活経験を引き出すとともに，「火災の学習で，火災
報知器を設置する法ができたときに，設置する数が多くなって，交通事故も
そうだと思った」と既習知識を活用するという授業仮説が検証されている。

　このことにとどまらず，授業者は次の手を打つ。授業仮説②である。

　・予想した空欄の内容に対して，「なぜそう考えたのか」と追質問することで，
　　消防で習得した「法ができたから，火事でけがをする人が減った」という知
　　識の活用を促すことができるであろう。

　ここでは，「横断中に亡くなった人の数は減っているけれど，これとは反
対に何かが増えています。何が増えたのか考えてみましょう」との揺さぶり
が効いて，「横断歩道」「信号機かな」を引き出している。

　二つの授業仮説を組み込むことで，子どもは実感をともなって，「飲酒運
転の法律が定められ罰が厳しくなったこと，信号を増加させ事故を防ぐ設備
を整えたことで，交通事故が減った」という知識を習得することができた。
「ふりかえり」には，「消防の学習でやったことが役に立った」と書かれてい
た。

　初任者は，本時の目標を達成するための「授業仮説」を考えることに意を
注いでいただきたい。

この営みを先輩教員や担当の指導主事と積み上げることで，自分の授業理論をもつことができるようになる。

(2) 研究テーマを達成するための授業仮説

　校内社会科授業研究や全国，県，市町村の研究会での研究授業は，研究テーマを達成するために行われる。しかし，研究テーマを中核においた学習指導案や，研究テーマを事後検討会に位置づけた事例を見ることは少ない。

　研究テーマを達成するための授業仮説の好事例を示す。

　大島泰文は，「社会科における『主体的に学習に取り組む態度』の評価方法の開発」(A)を研究した。[5]副題は「振り返り場面で生徒が立てた『問い』に着目して」(B)である。これを授業仮説として読み解くと，「Bをしたならば，Aとなるであろう」となる。これは，授業仮説を積み上げた研究仮説になっている。大島が作成した中学校社会科地理的分野「中国・四国地方」の学習指導案の本時の目標は，次のとおりである。

○「単元を貫く問い」（なぜ，中国・四国地方で交通網が整備されたか）に答えるために必要な「問い」を次のように立てることができる。
　・なぜ，鳥取自動車道がつくられたか。
　・鳥取自動車道がつくられたことで，鳥取県東部にどのような効果があったか。

　単元を貫く問いに答えるために必要な「（下位の）問い」を立てることが，研究テーマの具体である。

　研究テーマを達成するための授業仮説は，次のとおりである。

1章　学習指導案の論理と方法　065

> ＊「交通網が整備された」ことを，「本州四国連絡橋がつくられた」ことと「鳥取自動車道がつくられた」ことを確認すれば，「単元を貫く問い」に答えるために必要な問いを立てることができるであろう。

　この授業仮説は，学習指導案の授業場面に明示されている。前時までの学習内容が示されていなくとも理解できる授業仮説である。しかし，「確認する」という表現は方向的である。「どのように確認するとよいか」「どのような資料を活用して確認するとよいか」など具体的な手立てを検討することで，目標達成のためのよりよい授業仮説となる。

3 授業仮説にマジックワードは禁物

　先に示した大島の授業仮説は，実習授業の事後検討会で，「確認する」が授業場面として具体的にイメージできないという質問を受けた。「確認する」はマジックワードであるとの指摘である。
　後年，ゼミでこのことを取り上げ，授業仮説の改善案を考えさせた。
　松浪軌道（元西宮市公立小学校教師，帝塚山大学准教授）は，次の改善案を示した。

> （前略）「交通網が整備されたこと」の内容を確認する。そのために，「交通網が整備されたとは，具体的に何が行われたのか」と問いかける。そして，「本州四国連絡橋がつくられたこと」と「鳥取自動車道がつくられたこと」が交通網整備の具体的な内容であると，クラス全体で共有する。

　この手立てにより，「単元を貫く問い」に答えるために必要な問いを立てることができる。目標記述を達成目標で示すのと同様に，マジックワードを使った授業仮説は禁物である。

4 授業仮説の検証をとおして授業改善を

授業とその事後検討会をとおして，授業仮説は「仮説＝検証」の過程を繰り返し，その成果が子どもと授業者，研究会のメンバーに返される。

澤田昭夫は，このことを次のように述べている。

　仮説としての理論をたずさえて現象に向かい，事実によって理論を修正していくというのは，歴史学だけでなく，すべての経験科学の基本法則です。この方法によってわれわれは，総合的な真実像に少しずつ近づくわけです。[6]

社会科授業研究においては，澤田の言う「現象」とは社会科授業である。「事実」とは事後検討会を含めた社会科授業研究である。「事実」は，社会科授業をとおしての子どもの育ちである。

授業仮説を組み込んだ学習指導案を書き，研究授業と事後検討会をとおして，仮説を理論（総合的な真実像）に高める営みを続けていただきたい。

3 指導メモの発問，指示，補説（補足説明）の理論を考える

1 子どもの探究活動を促進するために

　本節では，学習指導案の指導メモの理論について論じる。

　「授業はドラマである（吉本均）」と言われる。チャイムが鳴ったら，学習指導案にとらわれず授業を進める。この域に達するまでには，かなりの修行が必要である。これができるのは頭の中に，指導メモが存在するからである。

　長岡文雄の授業は，知識が構造化されていると言われてきた。しかし，それは学習指導案に示されていない。長岡の脳髄には，綿密な指導メモが存在するはずである。ベテラン教師は，何らかの指導メモを作成している。しかし，学習指導案は公開されても指導メモは表に出ず，ブラックボックスになっている。指導メモには，授業がうまくなる宝物が隠されている。

　学校教育現場にいるときの指導メモは，発問，指示，補説で構成していた。教育委員会で初任者研修を担当していたときは，本時の展開にあわせて発問，指示，補説を書かせ，授業記録とともに事後検討会で活用していた。共同研究をしている研究会でも同様である。

2 効果的な発問を指導メモに

(1) 知識の構造を組み込んだ発問

　いきなり「なぜ疑問」を発問として子どもに問うても反応しない。するとしたら，説明的知識を丸暗記していることになる。社会科授業は，子どもとともに説明的知識を構成するものである。構成の過程で，記述的知識や分析的知識を分類したり，比較したり，関連付けたりして，解を導き出すことになる。つまり，説明的知識の下位の知識である記述的知識や分析的知識が解となるような「問い」が発問である。

(2) 子どもの学習活動を促す発問

　発問とは授業者の働きかけでもあり，学習過程に示した学習活動を促すものでもある。

　例えば，仮説設定段階では本時の学習課題に対する解の予想を促す発問，資料収集，選択の段階では検証のために必要な情報の入手を促す発問，検証では複数の情報を関連付けて解を導き出させることを促す発問が重要となる。子どもの学習活動を促す発問を授業者が投げかけることで，どのような学習活動を行うとよいか明確になり，子どもの脳内で活発な思考活動が働く。

3　探究活動を促す指示を指導メモに

　指示とは，発問よりもより具体的な活動をさせる授業者の働きかけである。指示は「指導上の留意点」と連動させることが重要である。「教科書や資料集を開くように指示する」。これでは子どもの学習活動は活性化しない。指示は，意図的，目的的な学習活動を促すものであることを十分意識し，その内容を検討する必要がある。先の指示は，「教科書や資料集から解決に必要な情報が示されている資料を選択するよう指示する」となる。さらに，①目標達成のための授業仮説と②学習活動を促す授業者の手立てと連動させ，指示を指導メモに書き込むことも重要である。

4　思考を促す補説を指導メモに

　補説とは，補足説明のことである。授業時間は限られている。だからこそ，「知る時間」と「考えさせる時間」を峻別していくことが求められる。つまり，「考えさせる時間」のために，情報に出会わせる「知る時間」も重要となる。補説とは，新たな視点に気付かせたり，子どもの理解を促したりしたいときに発せられる授業者の働きかけである。だから，「補説」は，指導上の留意点の「○○について知らせる」といった表現に関連する内容となる。

1章　学習指導案の論理と方法　069

産業学習における時期を知らせる情報の補説では，例えば，「飛行機で輸送することで，九州で水揚げした魚は，翌朝には東京の市場でセリにかけることができることを補説する」となる。

　指導メモは，学習指導案の様式に準じて作成することを勧めたい。とりわけ，初任者研修の事後指導には有効性を発揮する。指導メモがあると，子どもの多様な発言（変化球）にも臨機応変に対応できる。学習指導案の様式に準じた指導メモの具体例を資料2，資料3に示す。

資料2　小学校第4学年
「仮説検証場面における発問や指示の具体」の指導メモ
＊菅原雅史が阪神小学校社会科教育研究大会で作成した学習指導案である。

学習活動	発問（○） 指示（◎） 指導上の留意点 （・）	教師の発言の詳細 教師の発言（・） 教師の行動（＊）	予想される子どもの 反応の詳細 子どもの反応（・） 子どもの姿（＊）
1 仮説を確認する。	○前の時間に出た仮説を確認しましょう。	・さて，前回は「『山田錦』も『宮水』もなかったのに，なぜ，『下り酒』は江戸でたくさん売れていたのだろう」という問いに対してみんなで仮説を立てましたね。 どんな仮説がありましたか？ そうそう，ノートに残していたよね。 「○○さん，どうぞ」 ・つくり手のこと，気候のこと，輸送のこと，大量生産のこといろいろな視点から仮説が出ましたね。	・えっと，ノートにある！ ・丹波杜氏のお酒のつくり方が上手だったからではないか。 ・酒づくりに適した気候があったからではないか。 ・船でたくさん運んでいたからではないか。 ・たくさんつくることができていたからではないか。
	◎資料から仮説があっているのか，間違っているのかが分かるところを探しましょ	・今日は早速，それぞれの仮説を検証してみましょう。仮説が全部で四つあるので，グループに分かれて，検証していきましょう。1，2班は仮説①，3，4班は仮説②，5，6班は仮説③，7，8，9班は仮説④にしましょう。これ	グループ1 ・この資料2に全国に指導に行くほどって書いてあるから，丹波杜氏は技術力があったってことじゃない？

070

2 仮説を検証する	う。 ・複数の仮説があるので，クラスを班ごとに分け，班ごとに一つずつ仮説が検証できるようにする。 ◎仮説を順番に確認しましょう。 ○まず，仮説①「丹波杜氏のお酒のつくり方が上手だったからではないか」は，あっていますか，間違っていますか。 ○「六甲おろしによって，酒づくりに適した気候があったからではないか」はどうですか。 ○「船でたくさん運んでいたからではないか」はどうですか。 ○「たくさんつくることができていたからではないか」はどうですか。	から検証で使う資料を配ります。配られたら，まず初めに，どの資料のどこが根拠になるかを探しましょう。探したあとは，誰でも構いません，そのグループの人が出てきて，黒板にその資料を示しましょう。拡大した資料を貼っておきますので，ぜひ使ってみましょう。それでは始めてみましょう。 ＊資料を配る。 ＊机間巡視を行い，子どもがどの程度資料から必要な情報を取り出せているか確認する。 ＊机間巡視の際に次のように子どもに声かけする。 ・資料のタイトルを見て，仮説に関係あるかどうかみてはどうでしょう。 ・証拠となるところに線を引いてみてはどうでしょう。 ・仮説はあっているかな，まちがっているかな。あっているならどうしてあっているのか証拠を見つけるといいですね。 ・グループで調べがついたら，黒板に示しに行きましょう。資料を拡大したものがあるから，使ってみると分かりやすいですね。 ＊グループの一人に指名し，仮説があっているかどうか報告させる。	・確かに分かるね。 グループ2 ・資料5にたくさんつくるためには六甲おろしが役に立ったという内容が書いてあるよ。酒づくりに適した気候があったことはあたっているね。 グループ3 ・資料1では江戸時代の中ごろから船で運ぶことができるようになったことが分かるんじゃない？ ・資料4を見ても，船で運んだ方が大量に運べることが分かるよ。 グループ4 ・資料6にある水車精米は人力と比べてたくさん，速くお酒をつくることができることにつながるね。

1章　学習指導案の論理と方法　071

資料３　中学校社会科地理的分野「日本の諸地域」学習

「中国・四国地方―自然を生かした農業生産―」の指導メモ

＊筆者が2013年に島根大学附属中学校での実践に加筆修正した。

学習活動　○発問・発言	（＊）指示（☆）補説 （・）指導上の留意点	活用する主な資料
1　本時の問いをもつ。 ○島根県と高知県の違い 　は何だろう。 ○ピーマンが路地栽培で 　つくられるのはいつか 　な。	＊野菜の算出額の割合に着目して， 　2県の農業算出額を比較させる。 ＊ピーマンの旬を想起させながら， 　生育条件を知らせて，夏野菜であ 　ることに気付かせる。 ・高知県の出荷時期が他県とずれて 　いることを資料から読み取らせる。	・資①島根県農業産出額の 　割合 ・資②高知県農業産出額の 　割合 ・資③ピーマンの生育条件 　高温性野菜で，育てるの 　に最低10度は必要である。 ・資④東京へ出荷される量
本時の学習課題　なぜ，夏野菜であるピーマンを高知県では冬に栽培しているのだろう。		
2　予想を立てる。 ○　なぜ，高知県では冬 　に栽培しているのだろ 　う。 ・高知県は冬でも温かい。 ・冬でも育つ品種。 ・冬につくると高く売れ 　る。	＊隣同士で予想を考え，そのように 　考えた理由を話し合わせる。 ・予想とその根拠を発表させること 　で，仮説に高める。	
3　確かめ資料を考える。 ○どんな資料があると確 　かめられるだろう。 ・気温など天気が分かる 　資料 ・ピーマン栽培の資料 ・価格が分かる資料	＊資料から読み取らせる視点をもた 　せるために，どんな資料が必要か 　考えさせる。 ☆教科書や資料集にないものであれ 　ば，タブレットを活用して検索し 　てもよいことを知らせる。	
4　予想を検証する。 ○みんなが立てた予想が 　合っているか資料を活 　用して確かめよう。	・気温と快晴日数の資料から，高知 　県の冬の気候の特色を読み取らせ 　る。 ＊出荷先に着目して，人口が多い地 　方に供給していることを把握させ 　る。	・資⑤高知市月別平均気温 ・資⑥高知市快晴日数 ・資⑦高知県のピーマン出 　荷量 ・資⑧関東でのピーマン価 　格

[学習形態] 個人→隣同士→全体	＊輸送形態は，多くがトラックであることを読み取らせ，高速道路の広がりと関連付けてとらえさせる。 ・高知産のピーマンは，冬に高値で販売されていることを資料から読み取らせる。 ☆大田市場では，２月に価格のピークを迎えていることを知らせる。 ☆冬の時期に関東で売られるピーマンは，高知県の他に宮崎県や鹿児島県のものであることを知らせ，共通点に気付かせる。	・資⑨高知県の野菜の輸送形態 ・資⑩高速道路網と所要時間の変化 ・資⑪関東で売られるピーマンの産地
5　本時のまとめをする。 ○調べたことをもとに，問いの答えをまとめよう。	【本時の学習で習得する説明的知識】 夏野菜であるピーマンを高知県では冬に栽培している理由は，次の２点である。 (1)　高知県は，気候が温暖で降水量が多いので，冬でもその温暖な気候を利用して，夏に露地で栽培される野菜を生産している。 (2)　高速道路や空路の整備によって，遠くの市場にも短い時間で野菜が出荷できるようになり，他の地域で栽培されない時期に農産物を出荷してもうけている。	

【註・引用参考文献】
(1)　村上芳夫『主体的学習―学習方法分析による教育』（明治図書，1958）
(2)　米田豊編著『「習得・活用・探究」の社会科授業＆評価問題プラン　小学校編』（明治図書，2011）
(3)　「授業仮説」については，次の文献に詳しい。米田豊編著『「主体的に学習に取り組む態度」を育てる社会科授業づくりと評価』明治図書（2021）
(4)　岩田一彦編著『小学校社会科の授業設計』（東京書籍，1991）p.1
(5)　大島泰文「社会科における『主体的に学習に取り組む態度』の評価方法の開発」兵庫教育大学大学院学校教育研究科（2019）
(6)　澤田昭夫『論文のレトリック』（講談社，1983）p.91

5 指導内容を決める理論を考える

教科書比較の理論
先行研究（実践）を収集，分析する理論
社会諸科学の研究成果を組み込む理論

1 はじめに

　本節では，子どもとの学習活動における指導内容をどのようにして決める
かの理論について論じる。

　新任教員時代，何を参考にして授業を創るのか，教員養成大学出身ではな
い筆者は，どこから始めたらよいのか右往左往していた。何を教えるか，ど
う教えるかが分からなかったのである。新任教員から大学教員に至る過程で
考えてきた「何を教えるか」について，その理論を論じる。指導内容（学習
内容）を決める理論である。

2 学習指導要領と解説編を読む

　名古屋市立昭和橋小学校の社会科の重鎮，杉藤光孝先生には，学習指導要
領とその指導書（現在は解説編）を読むことを教えていただいた。こんな本
があるのかという，今から思えばなさけない新任教員である。「何が書いて
あるのかよく分かりません」と杉藤先生を困らせた。「困りましたね。３年
も経てば分かるようになりますよ」と我慢して読み込むことを指導された。
とりあえず，指導書から，研究授業を行なう伝統工業（当時は新設の５年生
の単元）に関わる部分と新設の経緯について，カードを取った。このことは，
学習指導案の教材観を書くときに大いに役立った。

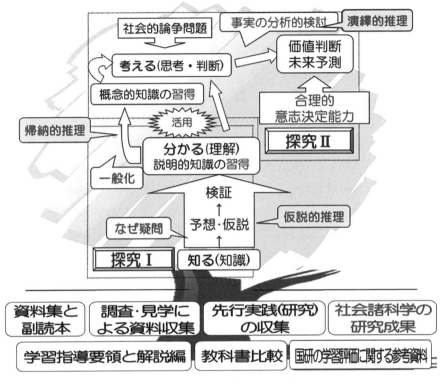

図1　社会科の木　2023改

　図1「社会科の木」[1]を見ていただきたい。木の根っこにあたるところに，指導内容を決める理論を示している。「学習指導要領と解説編」。まずは，この二つを読み込み，ノートやカードに取ることで，授業づくりの基盤ができる。「批判は10年早い。しっかり読み込め」とよく言われた。できれば，現行とその前の解説編を読み込めば，社会科教育の流れが分かる。

1章　学習指導案の論理と方法　075

3 調査・見学による資料収集，資料集と副読本の活用を考える

しかし，それだけでは学習指導案は書けない。移行措置期間中で，手元に教科書がない。夏期休業中に，同学年担当の遠山守彦先生には，秋の研究授業に向けて，愛知県の伝統工業の指導資料（地図も添えられていた）を一緒に作成していただいた。三河仏壇，有松鳴海絞，瀬戸焼，七宝焼，常滑焼などの愛知県の伝統工業製品について調査し，写真と文に起こした。その際，各自治体の担当部局から提供を受けた資料や３年生用副読本を活用した。苦労して作成した指導資料は，次の学年に受け継がれた。

夏期休業の最後に，遠山先生から，大切な指導内容である瀬戸焼の調査に行くように指示された。熟練の陶工から何を引きだしてくるかをカードに整理するようにも指導いただいた。質問カードにメモが取りきれないことを考えて，テープに録音することにした。また，許される範囲で，瀬戸焼の作業工程を写真（スライド）に撮ってきた。この一連の作業を振り返れば，「問い」と習得させたい「知識」の構造化を意図していたと言える。

研究授業では，瀬戸焼の作業工程と社会科見学で訪れたトヨタ自動車のそれを比較し，「伝統工業」の概念を子どもに習得させる学習指導案を完成させた。「伝統工業には熟練の技が必要である」を実感させるのに迫力があったのは，「どのようにして，よい陶土を選ぶのですか」「口に含んで判断します」の録音テープである。現地に赴いての教材研究の重要性を実感した。

このような指導内容を決めるための調査は，奈良の赤膚焼，野辺山高原のレタス，高知平野のピーマン，奈良のイチゴへと続く。

4 教科書比較から学ぶ

杉藤先生から，伝統工業（学習指導要領では，「伝統的な技術を生かした工業」）が教科書に掲載されたら，すべての教科書を比較すると勉強になると，指導いただいた。教科書が複数あることを知らなかった筆者は，まさに

目からうろこであった。

爾来，すべての教科書を購入することは現在まで続いている。授業づくりに，複数の教科書を比較するときの留意点を理論として整理する。

(1)　目標を達成するために有効かどうかの視点をもって，記述されている指導内容を比較検討することが大切である。比較の視点のシャープさが教材研究の成否を決める。

(2)　小学校中学年の教科書は，事例対象地域を選定し，独自色を出している。記述されている地域が，学校所在地でない場合が多いので，独自に作成された副読本で授業を進めることになる。教科書は横に置かれる。あまりにももったいない。学習指導要領に示された内容をどのように料理して事例地域の指導内容を書いているかの視点で読むと，授業づくりの参考になる。この視点で複数の教科書を比較検討すると，授業づくりがよりシャープになる。特に，中学校の地理的分野の中核考察の単元では威力を発揮する。

(3)　小，中学校の教科書を比較研究する。両方の教科書を読み込んでほしい。特に，六年生の歴史単元は，中学校の歴史授業で威力を発揮する。

教科書を書いている人は，よりよいものを子どもに届けたいと全力を注いでいる。教科書の比較研究は，指導内容を決める大切な営みである。

5　先行研究（実践）に学ぶ

社会科教育の先達に学ぶことは，授業づくりの大前提である。作法である。

院生には，自身の研究テーマに関わる研究図書や論文を渉猟することを指導してきた。社会科教育に関わる学会誌や明治図書の『社会科教育』『現代教育科学』『授業研究』を創刊号から洗うことが研究の一歩となる。

また，各地の研究会や各都道府県の教育研究所等の研究紀要も役に立つ。

さらに，先行授業実践に学ぶことも不可欠である。各地の研究会や自校の授業研究の成果を，事後検討会の内容も含めてデータベースにしておくと，あとに続く人に活用される。

1章　学習指導案の論理と方法

ゼミ生には，授業づくりをする単元の先行研究（実践）を，30（院生は300）を目標に集めるように指示していた。30（院生は300）は経験的に得た数字である。ここまでくれば，授業づくりの先が見えてくる。

　活用した先行研究（実践）の引用部分を明らかにし，出典を明記すること（引用注を振ること）を忘れてはならない。先達への作法である。

6　社会諸科学の研究成果に学ぶ

　社会科は社会諸科学の研究成果を組み込んで社会認識形成を図る教科である。教科書を書いている人は，このことを十分意識して，最新の研究成果に目を光らせている。しかし，日々の授業に最新の社会諸科学の研究成果を組み込むことは至難の業である。

　ここ一番の研究授業を行なうときは，最新の社会諸科学の研究成果に学んでほしい。そこで，例えば，歴史の新しい発見や学説が出たときには，新聞等を活用して授業をつくると，先生も子どももワクワクする。最近，歴史学の研究成果が新書として多く出版されている。歴史授業に活用できないかアンテナをあげておくことである。

　松浪軌道は，経済学の研究成果から，利潤概念とリスク概念を抽出し，農業に従事する人々の苦労と工夫を「利潤（もうけ）」の視点から説明させることに成功している。社会諸科学の研究成果を組み込んだ好事例である。[2]

　松浪は，小学校第5学年「高知県のナスづくり」を事例とし，授業を開発，実践している。ナスは夏から秋が旬の野菜である。しかし，高知県ではハウス栽培を行い，冬にナスを収穫している。これらの情報をもとに，「なぜ，高知県の農家は，露地栽培より費用のかかるハウス栽培をして，ナスを生産するのだろう」という学習課題を発見，把握させる。子どもは，学習課題に対する仮説を設定し，資料を用いて検証する。その検証資料には露地栽培でのナスの売上と費用，ハウス栽培でのナスの売上と費用をそれぞれ明示しておく。図2は，実際の授業で提示した資料である。

資料 ①	ハウス栽培 （高知県）	露地栽培 （全国平均）
売上	316万円／10a	180万円／10a

資料 ②	ハウス栽培 （高知県）	露地栽培 （全国平均）
費用	155万円／10a	58万円／10a

図2　本時の検証資料

売上も費用も，露地栽培よりハウス栽培の方が高くなっている。検証資料の数値を読み取るだけでは，どちらが得なのかを判断することはできない。そこで，利潤を算出させることが不可欠となる。利潤は，「売上－費用」から求めることができる。この公式に，検証資料の金額をあてはめると，ハウス栽培の利潤は10aあたり161万円（316万円－155万円），露地栽培の利潤は10aあたり122万円（180万円－58万円）となる。以上の検証活動から，子どもは「露地栽培より利潤が10aあたり39万円高いから，高知県のナス農家はハウス栽培を選択している」という事実を理解することができる。

　本節では，学習指導案に組み込む指導内容を決める理論を論じた。授業づくりの楽しさは，指導内容を決めるときの教材研究にある。それを実感できる先生が増えてほしい。

【註・引用参考文献】
(1)　米田豊編著『「習得・活用・探究」の社会科授業プラン＆評価問題プラン　小学校編』（明治図書，2011）p.10
(2)　松浪軌道「利潤と農業リスクの概念習得を意図した小学校社会科授業の開発」『公民教育研究』第25号（2017）pp.91-104

6 板書の理論を考える

板書ノートと実際の板書の比較
思考のプロセスを可視化した板書
授業の事後検討会に視点を与える板書
授業仮説の有効性を検証する板書

1 はじめに

　本節では，学習指導案の最後に示されることが多い「板書」の理論について提案する。また，学習指導案の一つの型である板書型学習指導案の好例を示す。

　「板書」に理論があるだろうか。新任教員時代「学年＋7行」と，教わった。その根拠は示されなかった。5年生だったので12行であった。多くもなく，少なくもない。その理由は語られなかった。それ以来，先輩諸氏から板書の理論を聴いたことがない。

　有田和正は「板書は思考の作戦基地」と言った。考えるのは子ども，作戦を立てるのも子ども。まさに子どもと創る板書である。

　筆者は，研究授業の後の検討会を，板書が残されている当該の教室で行うようにしている。子どもの思考のプロセスを議論して，授業を検討したいのである。これは板書の機能の一つである。

2 板書の機能

　田淵博宣（明石市公立小学校校長）は，有田和正，谷川彰英，福井延幸，田山修三の論から，板書の機能を次のように整理している。[1]

　(1)　学習課題を確認させる機能
　(2)　思考を促す機能

(3) 子どもとともに創る機能

(4) 学習内容を記憶させる機能

(5) 知識を構造化する機能

　筆者は，これに(6)「事後検討会における子どもの思考のプロセスを検証する機能」，(7)「授業仮説の有効性を検証する機能」を加えておく。共同研究を継続している西宮市小学校社会科教育研究会では，「板書における子どもの思考の可視化」を研究テーマに，子どもの思考のプロセスを板書にどう表現するかを視点とした研究を継続している。

3　板書ノート（板書する前に）

　学部生を送り出すとき，次のような話をよくした。毎時間の学習指導案を書くことは至難の業である。Ａ４のノートかスケッチブックに，１時間の板書案（資料１，資料２）をかいて授業に臨むとよい。

　一時間の授業を構想することができる。板書ノートを書くことで，子どもの既有知識を想起しながら，習得させたいことをイメージして，発問や指示を考えていると，ワクワクする。時間が許せば次のようにするとよい。

(1) 板書案をカメラに収める。

(2) 実際の板書をカメラに収める。

(3) 改善した板書をカメラに収める。

　(1)と(2)を比較，検討し(3)を創る。(1)(2)(3)をプリントアウトし，比較してよりよい板書を考える。この作業が授業づくりの力量を高めることになる。

1章　学習指導案の論理と方法　081

資料１　板書ノート　中学校社会科地理的分野「南アメリカ州」（植田真夕子作成）

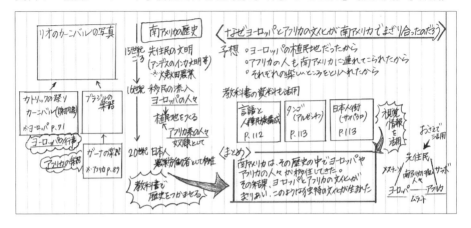

資料２　板書ノート　小学校第５学年「日本の気候」（植田真夕子作成）

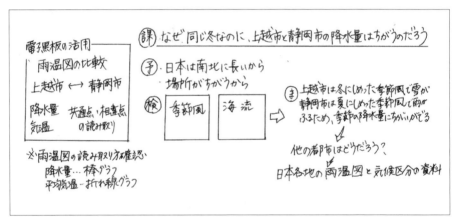

　資料１や資料２のような板書案を検討することで，資料の読み取りのポイントが明確となる。また，本時の学習課題に対してどのような子どもの反応（予想）が出てくるだろうか，ワクワクしながら授業の流れを確認することもできる。

4 板書における思考の可視化

　菅原雅史は，思考操作の一つである「概念化」を「ブランド化」を事例に
して研究を継続している。学年をまたいだ単元の指導計画は，28頁に示した。
　丹波篠山市の「黒枝豆」（4年農業），愛媛県の「みかん鯛」（5年水産業），
山形県の「つや姫」（5年農業）の学習と「今治タオル」（5年工業）の特色
を比較し，「工夫」「区別」をキーワードにして帰納的推理を働かせ，「日本
の産業において，商品は価値を高める工夫をして，類似する商品と区別され
ることで，売れている」というブランド化の概念的知識を抽出することに成
功している（資料3）。さらに，演繹的推理を働かせ概念的知識を他の社会
事象（柴山がに，あすかルビー，夕張メロン）に応用する授業を展開してい
る。
　「工夫」「区別」というマジックワードを，具体と抽象を往還させ，概念
（ブランド化）を習得させた好事例である。
　松浪軌道は，「比較のプロセス」の可視化を意図した板書の研究を西宮市
小学校社会科研究会で継続してきた。
　「縄文時代と弥生時代を，視点を決めて比較し，問いをつくろう」の授業
を構成し，比較という思考操作を板書に表現している（資料4）。
　子どもが考え出した視点は，食料，服，集落のようす，土器，建物であっ
た。そして，比較の思考操作をして創りだした問いは，資料4の板書の右側
に貼られたホワイトボードに書かれたとおりである。
　「なぜ，縄文時代とちがって，弥生時代には白い服と色つきの服の人がい
るのだろう」「なぜ，縄文時代の集落にはなかったへいやほりが，弥生時代
になってできたのだろう」「どうして米を入れる倉庫は床が高くなっている
のだろう」。縄文時代と弥生時代について黒板を活用しながら比較している
からこそ，相違点を共有化することができ，学級全体で問いを作成すること
ができる。

1章　学習指導案の論理と方法　083

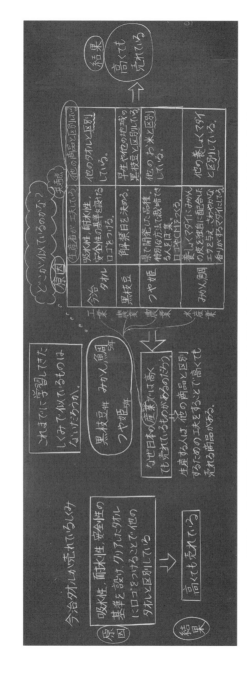

資料3　産業学習におけるブランド化の概念の抽出をめざした板書（菅原雅史作成）

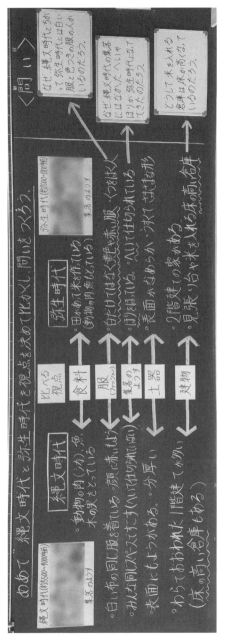

資料4 「比較のプロセス」の可視化を意図した板書（松浪軌道作成）

5 板書型学習指導案

板書型学習指導案の事例が資料5である。紙面の都合で，1単元名～6板書案と，7本時の学習活動，8評価を分けて提示する。

板書型学習指導案学習活動の順（①～⑥）を示すことで，授業展開をイメージしやすくなる。指導上の留意点は，板書案の下段に，番号に対応するように発問とあわせて示すと，意図的な発問を検討できる。

また，資料をどの段階で扱い，どのように活用することが適切であるかを視覚的にとらえやすくなっている。

資料5　板書型学習指導案　小学校第6学年「江戸の社会と文化・学問」（植田真夕子作成）

1 単元名 [本時]	単元名「江戸の社会と文化・学問」 [蘭学が社会にあたえた影響を探究する。]	時数 3/6時間	2 年・組 6学1組	3 授業日時	4 授業者

本時の 目標	資料から読み取った情報をもとに，西洋の新しい学問（蘭学）の知識や技術が，日本の学問を発展させたことが分かる。 ＊子どもに書かせたい記述は，板書案の⑥に示すとおりである。	[観点] 知識
授業仮説	当時使われていた解剖図と「解体新書」の解剖図を比較して，違いに気づかせることで，蘭学が日本の医学を発展させたことが分かるであろう。	

6 板書案

本時の問い

なぜ，杉田玄白や前野良沢らは，人体かいぼうを見学しているのだろう？

本時の目標にせまる手立て

ちがいは？

理科室の人体模型に似ているのはどっち？

① 何をしているところかな？

大型電子黒板orスクリーン

杉田玄白　前野良沢

② ・人体に興味があったから
　・医者だから
　・手術の役に立つから
　・病気の研究をしているから
　・何かを確かめているから

④ ・蘭学を勉強していたから
　・オランダ語のかいぼう書を手に入れ，そこに書かれていることを確かめたかったから→とても正確！

⑤ 伊能忠敬が日本地図をつくろうとした。

③ 見学の目的が分かる資料
　・解剖の場所が分かる資料
　・解剖の目的が分かる資料

☆オランダ語をほん訳
⇨ 解体新書を出版
⇨ 日本の学問が発展

⑥ 蘭学を学んでいた杉田玄白は，オランダの解剖書を手に入れ，これまでの医学書とあまりにも違っていたため，その本に書かれた内容を確認するために見学した。

その本の正確さにおどろき，解体新書をつくることとなった。

＊資料 出典：池野範男・的場正美・安野功他178名『小学社会6年』日本文教出版 2023

7 本時の学習活動(主な発問)と指導上の留意点

①問いの設定[7分]
○ この絵は、何をしているところだろう。
〈大型電子黒板に資料を提示〉

それぞれの人物の様子や行為などに着目させて、解体新書が誕生することとなった当時の状況を想起させたうえで、問いをもたせていく。

③資料選択[5分]
○ どんな資料があると確かめられるのだろう。

子どもが選んだ資料は、子どもも立てたどの仮説を確かめることができる資料であるのか確認し、資料から読み取らせる情報を明確化させる。

⑤学びの広がり[5分]
○ 杉田玄白のように、蘭学を学び日本の近代科学のもとを開いた人もいますね。誰ですか。

蘭学を研究する学者は、医学だけではなく、天文学や地理学など新しい知識や技術を日本に広め、日本の学問を発展させたことを把握させる。

②予想・仮説の設定[7分]
○ なぜ、杉田玄白や前野良沢らは、人体かいぼうを見学しているのだろう。

この絵は、解剖しているところを見学している様子を描いたものであることや、解剖している人物が杉田や前野ではないことも知らせる。二人の人物について紹介し、ペアで二人が見学する理由を予想させ、多様な意見を引き出していく。
また、出てきた予想から共通点を見つけ、仮説に高める。

④確かめ(検証)[15分]
○ 教科書や資料集にある資料をもとにして、確かめよう。

まず、教科書や資料から読み取れる事実をノートに箇条書きでまとめさせる。その後、ペア(グループ)で、どのようなことが分かったか確認させて、発表するように指示を出す。
→2枚の解剖図に関する意見が出たら、どちらが理科室の人体標本と近いか追質問を行い、玄白らが日本の医学に大きな影響を与えたことを確認する。

⑥まとめ[6分]
○ 今日のなぜ疑問について、授業で分かったことをもとにまとめよう。

黒板を参考にしながら、本時のまとめ(学習課題の解)をノートに記述させる。
まとめのおさえとして、NHK for schoolを視聴する。

*NHK「杉田玄白の解体新書」3分15秒

8 本時の評価基準(A・B・C基準)と評価の対象

	基準	A基準	B基準	C基準	[評価の対象]
[観点]知識,技能		西洋の新しい学問(蘭学)の知識や技術が、日本の学問の発展に役立ったものであることを、杉田玄白と伊能忠敬の功績に着目して記述している。	西洋の新しい学問(蘭学)の知識や技術が、日本の学問の発展に役立ったものであることを、杉田玄白もしくは、伊能忠敬の功績に着目して記述している。	予想に留まった記述のみでまとめられている。 *B基準への手立て* 杉田玄白が解体新書を完成させた理由を確認して、蘭学に影響されていることに気付かせる。また、これまでの解剖図と解体新書の解剖図を見ながら、再度比較して違いを確認し、その違いは蘭学からの学びであることを振り返らせて、その点をノートに書くように助言する。	⑥まとめの段階 学習課題に答える形で記述している子どものノートをもとに、評価を行う。

本章では板書の理論の具体を論じた。

大型の電子黒板と連動させながらの板書が今後の課題となる。

【註・引用参考文献】

(1) 田淵博宣「小学校社会科授業における『板書』による知識の構造化」兵庫教育大学大学院実践研究報告書(2015)

1章　学習指導案の論理と方法　087

7 学習指導案を活用した事前，事後検討会の理論

授業仮説を中核とした事前，事後検討会
模擬授業を活用した学習指導案の改善

1 はじめに

　本節では，学習指導案を活用した，事前，事後検討会の理論を論じる。研究会や校内授業研究会における学習指導案の位置づけはどのようなものであろうか。事前検討会の内容は充実しているであろうか。その多くが授業者に委ねられていないだろうか。

　事後検討会では，理論に裏打ちされた議論は少なく，その場での思いつきの発言に終始しているのではないだろうか。学習指導案を有効に活用する方法を考える必要がある。

　事後検討会の最初に，授業の「よかった点」「改善すべき点」を話し合い，ポストイットの色を変え，拡大コピーした学習指導案に貼る事例が多く見られる。この方法をとると，事後検討会の議論は拡散してしまう。「よかった点」「改善すべき点」で議論すると，授業者の授業の意図を無視してしまうことが起こりうる。

　繰り返し論じてきた「授業仮説」に絞り込んだ議論をすることで，事後検討会の実りは大きくなる。「授業仮説」は，授業者の授業の「ウリ」だからである。

　参観者の授業を見る視点は，参観者の数だけある。視点を絞り込まないと事後検討会の議論は拡散する。

　実り多い授業研究にするための理論を提案する。

2　社会科授業研究のプロセス

　図1は，指導主事のときに，研究会や各学校に提唱してきた「(社会科)授業研究のプロセス」である。[1]

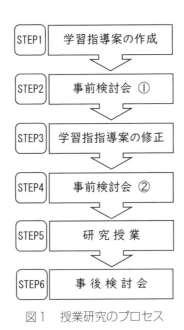

図1　授業研究のプロセス

　事前検討会と事後検討会の議論の中核は，次の3点である。議論が拡散しないための大切な視点である。

(1)　目標記述が達成目標になっており，その成否を検討する。
(2)　目標を達成するための授業仮説，研究テーマを達成するための授業仮説に有効性があるか。
(3)　事後検討会の成果が今後の授業研究に活かされるように，改善学習指導案の提案できているか。

3 模擬授業のすすめ

　筆者は，新採用研修（名古屋市立昭和橋小学校）の代表授業の前に，同学年の遠山守彦先生と社会科主任の杉藤光孝先生の指導を受け，学習指導案を練りに練った。一次学習指導案が完成した段階（STEP1）で，遠山先生のクラスで授業をさせていただいた。模擬授業とよんでいいだろう。授業後に再度学習指導案を修正し（STEP3）本番に臨んだ。

　日常的にこのような取組はできない。しかし，ここ一番の研究授業の前には，同僚の先生方に子どもになっていただいて行う模擬授業をするのもよい。

　坂井ふき子は，模擬授業の実際について次のように述べ，模擬授業を研究授業に位置づけることを提案している。

> 　一回の授業研究会で複数の教師が研究授業を行うために，模擬授業を取り入れる。従来どおりに行われる模擬授業に加えて，教師を生徒役に見立てて行う模擬授業も研究授業の一つに位置づけていく。[2]

　そして，授業仮説の有効性の検証の視点から，模擬授業の意義を次のように整理している。

> 　模擬授業は「教える側」と「学ぶ側」の双方向から学習指導案の授業仮説を検証できる研究手法であり（略）より一層授業改善に役立つ。[3]

　加えて，模擬授業の効果について，次のように整理している。

> (1) 模擬授業の経験により，授業者として（授業を：筆者）解釈するコードと学習者として解釈するコードをもつことができる。
> (2) 授業を見る解釈コードが増えることで，学習指導案に書き込まれる授業仮説がより具体的にシャープになる。[4]

「授業を見る解釈コード」とは，宇佐美寛の理論である。宇佐美は，「あるコードで解釈するからこそ授業が『見える』のである」[5]「現場における自分の実践が，他者の実践を解釈するコードを作っている」[6]と論じている。

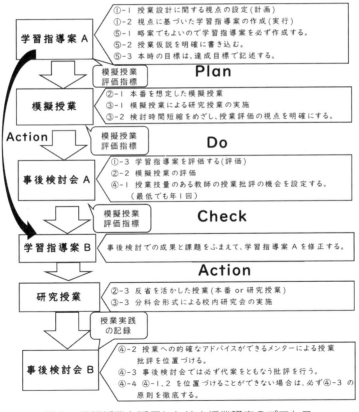

図2 模擬授業を活用した校内授業研究のプロセス

坂井は,「模擬授業を活用した校内授業研究のプロセス」を図2のように提案している。[7]

本節で主張してきた理論が組み込まれているのが分かる。次のことを加筆しておく。

(1) 事後検討会Aでは学習指導案Aに明示した授業仮説の有効性を検討する。
(2) 学習指導案Bには事後検討会Aで修正された授業仮説を明示する。
(3) 事後検討会Bでは学習指導案Bに明示した授業仮説の有効性を検討する。

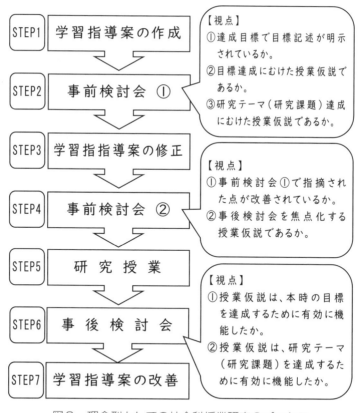

図3　理念型としての社会科授業研究のプロセス

これまで論じてきたことをもとに「理念型としての社会科授業研究のプロセス」を示すと，図3のようになる。これが「学習指導案を活用した事前，事後検討会の理論」の全体像である。

　このプロセスは他教科，領域でも活用できる。事後検討会の成果が，今後の授業研究に活かされるように改善学習指導案を提案することが大切になるので，ステップ7を組み込んだ。

【註・引用参考文献】
(1)　米田豊「授業仮説からアプローチする社会科授業の改善」梅津正美，原田智仁編著『教育実践学としての社会科授業研究の探求』（風間書房，2015）p.202，p.211
(2)　坂井ふき子「模擬授業を活用した授業力の育成」2008年兵庫教育大学大学院授業実践リーダーコース学位論文（2008）p.66
(3)　前掲書(2) pp.66-67
(4)　前掲書(2) p.69
(5)　宇佐美寛『授業の理論をどう作るか』（明治図書，1983）p.79
(6)　前掲書(5) p.81
(7)　前掲書(2) p.74

8 学習指導案の理論を点検する チェックリスト

研究会，校内授業研究，初任者研修会の充実のためのチェックリスト

1 はじめに

　本書の目的は，社会科学習指導案の理論を提案するとともに，その理論を組み込んだ授業実践モデルを示すことにあった。

　そこで，第1章理論編において第1節から第7節までに提案した理論で学習指導案を点検するチェックリストを作成して，子どもの学びを深める手立てとしたい。研究会や校内授業研究の事前，事後の学習指導案の検討や，初任者研修でも活用していただきたい。

　その際，筆者の注をふり，それぞれの立場で発展させていただきたい。

2 単元名

　単元名には，単元を貫く問いの解が示されていることが大切である。

　単元最後の時間に，子どもとともに単元名を考えてもよい。中学校社会科地理的分野の日本の諸地域学習においては，中核考察のキーワードを組み込んで考えさせることが最適である。その地方の地理的特徴をシャープに表現できることで，評価にも活用できる。

　たかが単元名，されど単元名である。単元名を考えることで，子どもをワクワクさせてほしい。

3 単元の指導計画

　単元の指導計画は，単元の時間配分を示すものではない。そこには，問い
と対応した習得させたい知識と学習活動を示しておく必要がある。研究授業
の授業者になると，本時の展開だけが気になる。「木を見て森を見ず」は禁
物である。単元の全体像を把握することが本時の充実につながる。「授業が
うまい」とうならされる先輩諸氏は，単元の指導計画に意を注いでいる。

4 目標の理論

　教科書会社が指導書で示している目標をそのまま活用している事例が散見
される。自身が心血を注いで創る学習指導案である。目標記述に命をかける
心意気で，練りに練った目標を考えることが大切である。目標が授業の成否
を分ける。

(1) 知識，技能の目標

　「知識に関する目標」と「技能に関する目標」とを峻別しておくと，それ
ぞれに対応する授業場面が明確になり，評価の視点がシャープになる。
　「知識に関する目標」は方向目標ではなく，達成目標で記述することが必
須条件である。「技能に関する目標」は，情報を「集める」「読み取る」「ま
とめる」に着目した内容で示すと，意図的な評価につながる。

(2) 思考，判断，表現の目標

　思考，判断，表現の目標も，それぞれを峻別して記述することで，評価の
視点がよりシャープになる。
　思考の目標は，「分類」「比較」「関連付け」「概念化」が基本となる。仮説
の検証過程における「思考」は最も重要なもので，とりわけ「比較」「関連
付け」の具体が示される必要がある。

1章　学習指導案の論理と方法　095

「判断」は事実判断と価値判断を峻別して目標を設定することが大切である。思考の結果を「表現」したものが，知識に関する目標であり（事実判断），意志決定の内容（価値判断）である。

(3) 主体的に学習に取り組む態度の目標

主体的に学習に取り組む態度の目標は，習得させたい認識内容（知識）と関連付けることが大切である。また，三つの場面（既習知識を活用して仮説を立てる，対話をもとにして仮説を立てる，新たな問いを立てる）に着目した目標になっていることも大切である。

主体的に学習に取り組む態度については，拙著『「主体的に学習に取り組む態度」を育てる社会科授業づくりと評価』（明治図書）に詳しい。

5 授業内容の確定

「100教材研究して1教える」。指導主事時代から，研究会や各学校で何度も話してきた。教材研究が深まると，自分でも気付かないうちにすべてを教えようとしてしまう。学習指導要領とその解説編を読み込み，複数の教科書を分析，検討する。教材研究の第一歩である。次には，先行研究，先行実践を渉猟してその成果に学ぶ。さらには，最新の社会諸科学の研究成果に眼をとおすことができればなおよい。

6 本時の展開

2022年12月に宝塚市小学校社会科教育研究会（2024年10月に兵庫県小学校社会科教育研究大会を開催）の授業研究に参加した。森本凌央（当時，新採用2年目）が，指標を決めて予想を分類し，仮説に高める授業を提案した。ある子どもが黒板の前で，一人でつぶやきながら自身の予想を黒板のどこに位置づけ，仮説に高めるか思案していた。自己内対話の素晴らしい場面であ

る。

　森本が諸先輩の助言を受けながら創り上げた授業である。探究の主体が子どもになっている授業であった。

　授業の終盤では，「先生，時間ないで，はよホワイトボード配らな」（子どもの発言のまま）と発言があった。また，森本に眼で合図して，時計を見るように指示をしていた。これらのことは，森本が日頃から自分が探究過程のどの位置にいるかを子どもに自覚させているからこそ出てくる発言や視線である。また，学習活動を促進したり，ねらいに迫ったりする手立てが講じられていることの表れである。当然，学習活動は子どもを主語にして，達成目標的に書くことが基本となる。

7　授業仮説の理論

　第1章理論編では，授業仮説の理論を繰り返し論じてきた。それは，「学習指導案は仮説の集合体」（岩田一彦）だからである。つまり，授業構成の意図，目的を仮説的に示すことが，学習指導案の最も重要な要件である。字体を変えて，研究テーマを達成するための授業仮説，本時の目標を達成するための授業仮説を達成目標的に書いておくと，事後検討会で授業仮説の有効性を検証することができる。

8　指導メモ

　参会の人に示す学習指導案の他に，細かな授業の進め方を書いたものを，「指導メモ」と呼んでいる。意図的，目的的な学習活動となるように，発問や具体的な指示，補説（補足説明）を予め考えておくと，子どもの思いがけない発言にも対応できる。

1章　学習指導案の論理と方法　097

学習指導案作成チェックリスト

観点	チェック項目
授業内容の確定（第5節）	□ 「100教材研究をして，1　教える」を合い言葉に，「社会科の木」に示している授業基盤をもとに，指導内容を確定したか。 ・学習指導要領（解説編），資料集，教科書比較，先行研究，新聞や書籍，最新の社会諸科学の研究成果などに眼をとおすこと
	□ 教員自身による調査・見学による教材研究をしているか。
単元名と単元の指導計画（第2節）	□ 単元の学習をとおして習得する社会認識を端的に表現した単元名（例えば，その地方の地理的特徴を表現した題名）が示されているか。または，単元の終末に子どもが学習した内容を踏まえてそのような単元名を考える授業構想をしているか。
	□ 授業時間数を示すのみの計画ではなく，問いと対応した習得させたい知識や学習活動を示す単元計画であるか。（本時の授業の位置づけがつかめる単元計画）
	□ 長いスパンの単元計画を示し，概念形成をめざした単元計画であるか。（発展）
目標の理論（第3節）	□ 単元の知識目標（単元課題の解）を，達成目標の形で示しているか。
	□ 本時の目標を，達成目標の形で示しているか。
	□ 「知識」と「技能」の目標を峻別し，それぞれ適切な評価場面を示しているか。
	□ 技能の評価は，情報を「集める」「読み取る」「まとめる」に着目した内容で示しているか。
	□ 思考と表現を峻別し，「分類」「比較」「関連付け」「概念化」の思考操作に着目した内容で示しているか。
	□ 判断は，事実判断と価値判断に峻別し，目標を設定しているか。
	□ 主体的に学習に取り組む態度が表出する3場面（既習知識を活用して仮説を立てる，対話をもとに仮説を立てる，新たな問いを立てる）に着目して評価しようとしているか。

観点	チェック項目
本時の展開の理論（第4節）	☐ 子どもが探究の主体となる授業構成，展開となっているか。
	☐ 子どもがどのような学習活動に取り組む時間であるか明示されているか。 ・「学習課題をもつ」「予想を立てる」「資料を集める」「検証する」「まとめる」等
	☐ 学習活動を促進したり，ねらいに迫ったりする手立てとなる指導上の留意点を具体的な言葉で示しているか。
	☐ 授業構成の意図，目的を仮説的に示しているか。
	☐ 事後検討会で有効性を検証する仮説を示しているか。
	☐ 研究テーマを達成するための仮説を示しているか。
	☐ 授業者の授業構想の意図や目的を明確化させた授業解説を，本時の展開に明示しているか。 （字体を変えて達成目標的に示すと，参観者にも分かりやすい）
	☐ 知識の構造を組み込んだ発問を示し，説明的知識の習得をめざしているか。
	☐ 説明的知識の習得をめざしているか。
	☐ 子どもの学習活動を促す発問が準備されているか。
	☐ 意図的，目的的な学習活動をめざして，発問より具体的な指示が準備されているか。
	☐ 子どもに新たな視点に気付かせたり，理解を促進したりするための補説（補足説明）が準備されているか。
板書の理論（第6節）	☐ 授業展開をイメージできる板書計画が準備されているか。
	☐ 子どもの思考を可視化した板書計画となっているか。
	☐ 板書と電子黒板等のICT機器の活用場面を検討したか。

1章　学習指導案の論理と方法　099

2

明日の授業づくりに役立つ！
学習指導案の授業実践モデル

1 学習者である子どもにとっても実りのある研究授業をめざして

教育実習生や初任者が学習指導案づくりで意識したいこと

1 子どもの主体性を保障し，「分かる」「なるほど」が実感できる授業を

　教育実習や初任者研修で取り組まれる研究授業は，誰のために行われるのだろうか。授業者の授業力を検討したり，子どもの授業参加度を分析したりするためだけの材料としてよいのだろうか。すべての授業は，子どもにとっても実りあるものでなければならない。授業で新しい発見があったり，知識を獲得したりすることは，子どもの学習意欲を高めていくことになる。教育実習であっても初任者研修であっても，子どもの知的好奇心を刺激する研究授業をめざしてほしい。あくまでも，授業の主体は学習者（子ども）である。だからこそ，まず，子どもの主体性を引き出すことが重要である。

　そこで，「主体的・対話的で深い学び」の実現をテーマに，教育実習や初任者研修における学習指導案の作成について本節で論じる。

　これまで次の３点を子どもの主体性ととらえ，その状態が見られる学習活動を「主体的な学び」として位置づけてきた。

---

① 矛盾や相違点をもとに学習課題を設定できること。
② 学習課題に対して意欲的に調査活動に取り組めること。
③ 学習を振り返り新たな問いを発見できること。

　子どもの主体的な学びを支えるには，学習課題が重要であり，その学びを継続するには，考える材料を子ども自身が習得していたり収集できる状況が担保されていたりすることが重要である。学習指導案の作成にむけて，まず

は，子どもの既習知識を踏まえながら，授業者が提示する資料を吟味するためにも，教科書分析を中心とした教材研究に取り組むことが大切である。

さらに，ここぞというときの研究授業に向けては，複数の教科書を比較する教材研究を行ってみるのはどうだろうか。特に，大学生の皆さんには，大学附属図書館に出かけて担当する授業の単元がどのように教科書で扱われているか把握してほしい。教育実習期間中は，子どもとの関わりや参観授業等，思いのほか教材研究に取り組む時間を確保することは難しいだろう。そこで，教育実習の事前の打ち合わせ後，時間的な余裕があるときに，大学附属図書館の教科書コーナーへ出かけてみるとよい。

複数の教科書を比較することで，子どもに習得させるべき知識が明らかとなる。加えて，小中といった校種間比較を行うことで，学習の系統性が見えてくる。

社会科授業においては，資料が重要な役割を果たす。よりよい資料を収集することをめざし，教材研究として教科書を比較することは，授業づくりの大切な要件である。複数の教科書を比較することで，学習の導入で子どもにどのような資料を提示するとよいか検討することができる。子どもの学習活動をより充実したものにするためには，この学習の導入時に提示する，学習課題の設定を意図した資料が決め手となる。そして，最適な資料を活用して設定した学習課題が，子どもにとって「解決したい課題」「調べてみたい課題」「議論したい課題」となれば，その時間の授業が成立したといっても過言ではない。

このような教材研究を行ったうえで，子どもの主体性の保障をめざした研究授業を行うことで，子どもが「分かる」や「なるほど」と実感できる授業となる。そして，事後検討会において，子どもの姿をもとに授業を分析することで，子どもにとっても授業者にとっても実りある研究授業となる。

2章　明日の授業づくりに役立つ！学習指導案の授業実践モデル　103

2　主体的・対話的で深い学びのある学習活動を

　子どもにとって主体的な学びは，最適解を導き出すことが求められる現代社会を生き抜くために必要となる資質や能力を育てる手段となる。主体的・対話的な学びとは，子ども自身が活発に内的活動や外的活動を行う学習である。内的活動とは，知識習得や価値判断，意志決定に向けて子どもの頭の中で行われる思考活動である。外的活動とは，言語活動（表現活動）のことであり，内的活動で行った思考活動をとおして生成した情報を表出させる活動である。このような学習活動が担保されたうえで，深い学びが達成される。これらの学びを組み込んだ学習過程をまとめると，図1のようになる。

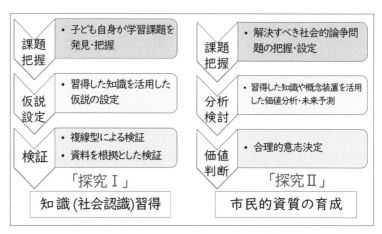

図1　深い学びのある学習過程[1]

　本時のゴール（目標）は，知識（社会認識）を習得することであるのか，市民的資質を育成することであるのかを確認して，学習過程を決定していくことが重要である。

3 子どもが楽しくなる「秘密道具」の準備を

　単元の導入において，子どもと学習内容をどのように出会わせるとよいか，悩んでいる若手教員の相談を受けることがある。その際，若手教員に，「子どもの生活の中で目にしているものやよく利用しているものの中に，授業と関連するものはないかな」と問い返している。

　例えば，「高地のくらし」では，レタス（実物）やスーパーの陳列コーナーに掲示されているプライスカードなどがある。閉店間際に買い物に行くことが多いので，実物を購入するとともに，店員の方に事情（授業で使う）を伝え，プライスカードをいただくことがある。これを紙袋や小さめの段ボール箱に入れ，授業の導入で，「きょうからこの紙袋（箱）に入っているものに関係のある勉強をしていきます」「さあ，何だろう」と，クイズ形式で展開していくのである。

　また，ちょっとした具体物を子どもに提示することで，子どもの視線がそこに集中する。例えば，「新玉ねぎ」を農産物調べの導入で子どもに見せたことがある。「この新玉ねぎの産地はどこだろう」と子どもに問う。玉ねぎの全国一の生産量はもちろん北海道である。地図帳を見ながらも「北海道じゃないかな」と返ってくる。しかし，「白たまねぎ」の品種である新玉ねぎは，宮崎県や佐賀県，静岡県，愛知県などが産地で，1月から5月にかけて収穫されている。「北海道ではない理由は？」と問うことで，新玉ねぎの収穫時期となっている北海道の自然環境を振り返る子どもの姿があった。そこから，子どもは，「北海道ではいつ玉ねぎをつくって出荷しているのかな」と新しい問いをもって調べていくのである。

　デジタルデータの活用が盛んな時代においても，やはり実物資料が発揮する威力は大きい。学校帰りに立ち寄ったお店で，明日の教材で利用できそうなものを発見してほしい。もちろん，「ツナ缶」「サバ缶」「カニ缶」（高価！）も立派な教材である。「いつも食べている！」「え〜」そんな反応から授業が始まる。身の回りにあるものすべてが，子どものワクワク感を引き出

2章　明日の授業づくりに役立つ！学習指導案の授業実践モデル　105

す秘密道具となる。また，これら具体物から問いを見いだし，探究しようと協働学習を展開することもできる。つまり，単元の学習内容と子どもの日常生活を結び付ける道具にもなる。

4 子どもの学びを促す発問の検討を

　研究授業で活用する資料を確定するために，教科書を分析したり，資料集や新聞記事などに目をとおして最適な資料を収集，選択したりすることが重要である。もちろん実物も，単調な授業を打破する効果的な資料である。

　そこで，資料を活用しながら子どもの知的好奇心に刺激を与え，主体的な学びを促す発問について提案する。

〈比較する資料を活用した発問〉

① 似ているところは？　違うところは？

② ○○さんが①で発表したことを，誰か資料を使って説明できますか？

　初任者の研究授業では，②の段階を授業者自らが「○○さんが発表してくれたことは，こういうことですね」と資料で説明していることが多く見られる。このような授業展開を続けていると，「先生が最後に説明するから」という受け身の停滞した授業に陥る可能性がある。だから，あえて学級の仲間がさらに説明し，自分たちで解を導き出すことができる発問を加えることで，学びの質が高まる。

〈子どもの発表を受けての発問〉

・なぜそう考えたの？　説明してみて。

・資料を使って，もっと詳しく教えて！

　資料を根拠に，さらに説明しようとする子どもを育てる「追発問」をして

みるとよい。このような活動を繰り返す中で，子どもの説明力が高まる。

　最後に，単に説明させるだけでなく，「なるほど！　そう考えたの」「言いたいことがよく伝わったね」と，分かるように伝えようとする前向きな意欲や姿勢を学級全体で素直に認めることができる授業者をめざしたい。

5　授業記録の蓄積を

　筆者自身が授業を行うときや研究授業を参観する際は，必ずデジタルカメラを持って教室に向かっていた。授業中の様子だけではなく，授業の終わりに，子どもと一緒に学んだ足あとである板書を撮影した。板書を見れば，本時の学びが一目で分かる。なぜなら，どのような資料を活用したか，その資料に対して，子どもは何を読み取ったのか（発言）が，黒板に残されているからである。

　GIGA スクール構想のもと「1 人 1 台端末」の実施で，各学校にタブレットが配付された。第 1 章第 6 節の板書の理論でも論じたように，ぜひ，タブレットのカメラ機能を最大限に活用して，板書を記録してみるとよい。板書をデータとして記録することは，ノートテイクが困難な子どもにとっても，有効な手段となる。前時の授業を振り返る際，板書を電子黒板等に写し出すことで，「前時の学習で分かったこと」や「新たな疑問」，「クラスで練り上げた課題」などを確認することができる。つまり，効果的な見通しと振り返りを行うことができ，学びの連続性をもたせたり，子どもの学習基盤を揃えたりすることができる。欠席していた子に安心感を与えることにもつながる。

　そこで，毎時間，黒板を撮影することが習慣化することをめざしていくとよい。たまに，撮影することを忘れることもある。黒板の撮影を忘れそうになると，子どもが「先生，黒板！」と声をかけてくれた。学習係の仕事の一つに「授業の記録」を加えてもよいのではないだろうか。その画像をクラウドフォルダに保存して，学級全体で共有化することも，よい方法と考える。

2章　明日の授業づくりに役立つ！学習指導案の授業実践モデル　107

資料1　小学校第3学年「スーパーマーケットのひみつをさぐろう！」

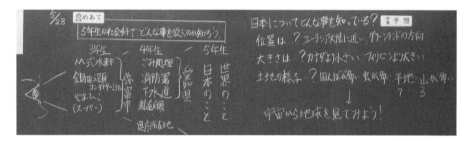

資料2　小学校第5学年　授業開き

　このように撮影した板書画像が授業記録となり，授業者の教材研究，教材分析の結果として蓄積されていく。余力があって「この授業は」と思う実践記録は，画像をプリントアウトして，授業反省や次時に向けての指示や改善ポイント等を書き込んでみてはどうだろうか（資料3）。このようなちょっとした取組が，先生方の授業力を高めていく。この方法は，社会科に限らず，他の教科でも活用することができ，短時間でできる教材研究と考える。

　資料3に示す実践記録ノートを作成していくことで，次年度以降の授業づくりにも役立つ資料となる。

水産業のさかんな地域（1/5）

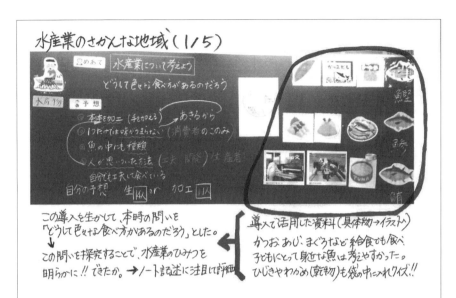

この導入を生かして、本時の問いを「どうして色々な食べ方があるのだろう」とした。
↓
この問いを探究することで、水産業のひみつを明らかに!!できたか。→ノート記述に注目して評価

導入で活用した資料（具体物→イラスト）
かつお、あじ、まぐろなど給食でも食べ子どもにとって身近な魚は考えやすかった。ひじきやわかめ（乾物）も袋の中に入れクイズ!!

水産業のさかんな地域（4/5）

動画を見る際の視点をつかませました。

スーパーで並んでいるところは日ごろから見ている。予想の段階で「漁港の様子がわからない！どうなっているの？」という声を生かして動画や資料集をもとに、港に水揚げされた魚が出荷され、スーパーに並ぶまでの流れをノート全面にまとめさせた。イラストに特色を出しているものがノートにあった。→次の授業で紹介!!

資料3　実践記録ノート

6　効果的な学習活動をめざして

　社会科は内容教科であるため，習得させるべき知識量が多い。教科書見開き２頁が，通常１時間で教える範囲である。特に，中学校の社会科授業では，小学校に比べ，文字も資料も多い。それらすべてを同様に扱うと時間不足となるとともに，社会事象説明型の授業となってしまう。

　そこで，本時予定していたところまで到達するためには，時間配分を十分吟味しながら，子どもにとって効果的な学習活動を検討したい。

(1)　「知る」場面と「考える」場面を峻別すること

　第１章第４節「本時の展開」の理論において，学習活動は子どもがどのようなことに取り組む時間であるかを示すことが重要であると論じた。

　本書では，子どもの学習活動の「知る」場面，「考える」場面を次のように定義する。

　○「知る」場面：①　本時の問いをもつために，情報を収集する場面
　　②　本時の問いが明らかとなり，その情報（習得した知識）と関連付けながら把握することができる知識を知る場面
　○「考える」場面：本時の問い（「なぜ疑問」）を解明するために，予想・仮説を立て，資料を活用して検証してまとめる場面

　中学校社会科地理的分野の日本の諸地域「近畿地方」の第２時「琵琶湖の水質保全」の授業を例に，「知る」場面と「考える」場面について具体的に説明する。「知る」場面は，本時の学習課題を設定するために，生徒の既習知識を整理したり，新たな情報を収集したりする活動と位置づけた。この学習活動をとおして，滋賀県が高度処理率全国第１位である事実に出合わせ，その原因を探究する問いが設定される。なお，用語として難しい「高度処理」は，この段階で子どもに説明する。まさに，子どもは「知る」のである。

110

「考える」場面は，学習課題の解決をめざし，予想を立て，資料選択，収集をしながら確かめる（検証）活動と位置づけた。予想を確かめるためにどのような資料が必要となるのか，クラス全体で確認する。その後，資料集に提示されている資料や事前に授業者が用意した追加資料を活用しながら，検証（グループ活動を取り入れてもよい）していく。琵琶湖が抱えている課題を整理し，その課題を改善するための取組を調べる学習が展開される。そして，琵琶湖の水質保全をすることがなぜ重要であるのか，その背景に気付かせていく。まとめる際には，本時の学習課題を再確認してから，資料から読み取った情報をもとに解をノートに記述するようにする。

　学習のおさえとして，「下水を高度処理したり条例で規制したりすることでどのような変化があったか」と切り返し，人口が増加しているにも関わらず，リンの含有率や赤潮の発生率が減少傾向である事実をとらえさせ，環境保全につながっていることを確認する。この授業の板書は，次のようになる。

日本の諸地域「近畿地方」の第2時「琵琶湖の水質保全」の板書

　このように，授業者は，子どもが「知る」場面と，子どもが「考える」場面を峻別して，それぞれの学習場面を学習計画の中に設定することが重要である。

(2) 授業者はグループ活動のねらいを明確化すること

　社会科授業において，グループで話し合いを行うねらいについて，次のように意識することも重要である。

○　意見交流をとおして，個人では気付くことができない考えに出合わせるため。
○　資料から読み取る情報を増やし，複数の情報を関連付けやすくするため。
○　検証内容を確認することをとおして，自分のまとめを発表しやすくするため。

　つまり，グループ活動を取り入れる学習場面を「資料選択」や「検証」場面に絞ることで効果的な活動になると考える。問いをもつ段階では，淡々と資料から読み取った情報を比較することで「学習課題」は設定される。授業導入時（学習課題設定）は，いかに効率よく進めていくことが重要である。一斉授業の形態で，資料の読み取りを行うことで時間の短縮を図ることができる。

　また，このときに「同じ意見，似た意見」を確認しながら進めていくことで，「授業者と発言者のワンウェイ型展開」を避けることができる。

　授業者は，話し合い活動では，ファシリテーターに徹していけるとよい。加えて，子どもの外的対話活動をコントロールする力もあるとよりよい。

【註・引用参考文献】

(1) 米田豊「運輸・貿易の新しい指導アイデア」北俊夫編著『小学校社会科「新内容・新教材」指導アイデア』（明治図書，2018）pp.96-105

(2) 植田真夕子「デキる人はやっている！社会科教師の仕事術　明日から使える3つのポイント」『社会科教育』第749号（2021）pp.98-101

本節のまとめ

○子どもの主体的な学びを支えるには，学習課題が重要であり，その学びを継続するには，考える材料を子ども自身が習得していたり収集できる状況が担保されていたりすることが重要である。

○本時のゴール（目標）を意識して，学習過程を決定する。

○秘密道具を活用することで，協働学習を展開したり，学習内容と子どもの日常生活を結び付けたりすることができる。子どものワクワク感を引き出す秘密道具を活用した研究授業を考えてみよう。

○実践記録ノートを作成し，明日の授業に活かしていこう。

○「知る」場面と「考える」場面を峻別して，子どもにとって効果的な学習活動のあり方を授業者自身が探究していこう。

2 意図的，目的的な学習活動の「見える化」をめざした単元名や単元の指導計画の実際

子どもの知的好奇心を刺激しよう！

1 学習活動の意図や目的を学習指導案に「見える化」させる理由

　第1章第4節で紹介した学習指導案の「本時の展開」において，一つの項目として位置づけられる学習活動には，必ず，意図や目的がある。しかし，初任者研修の一つとして実施される研究授業をはじめ，学習活動そのものが目的化して授業が進められている場合がある。

　例えば，話し合い活動を行うこと自体が目的化され，話し合われている内容が本時のねらいから外れていったり，単なる意見の発表会に終始したりする授業である。このような話し合い活動を繰り返すと，子どもは，話し合っても「よく分からない」「意味がない」，「何について話し合っていたか見えなくなった」などと話し合い活動そのものに魅力を感じなくなってしまう。

　学習活動そのものに魅力がなければ，子どもの主体的な学びは実現しない。話し合い活動をとおして，子どもは新たな気付きを得られたり，自分の考えが再構築されたり，探究することの面白さを実感したりする中で，本時のねらいに迫ることができる。

　また，話し合う過程において，さらに探究したい課題が見つかる場合もある。このような状況は，本時の目標を超える解を探究する姿であり，問いの連続性といった点からとらえれば，話し合いをとおして深い学びに向かって「新たなねらいが創られた」よい話し合いであると判断できる。

　そこで，授業者は，子どもの学びを促進するために学習活動の意図や目的について検討するために，まずは，学習指導案に意図や目的のある具体的な学習活動を明示する必要がある。

つまり，授業者は学習指導案を設計する段階において，目標達成にむけて
どのような学習活動を組み込むとよいか，その学習活動をとおして子どもに
何を習得させたり，考えさせたりしたいのかの意図や目的を検討することが
できる。そして，学習指導案に明示した学習活動の意図や目的を「見える
化」するために，「本時の展開」において示される「指導上の留意点」にお
いて，意図や目的にせまる手立てを具体的に示すのである。

　このように学習活動を検討して授業実践していく中で，授業者が意図した
目的を超える子どもの姿をとらえたときには，子どもを大いに認め褒めたい。
また，学びを促進する効果的な学習活動としてとらえていくことで，授業者
は授業設計スキルを向上させることができる。その一方で，計画した学習活
動が効果的に機能しない場合もある。その際は，より適切な学習活動のあり
方を吟味，検討することで授業改善を図ることができる。

2　単元の指導計画に学習活動を位置づける目的

　第1章第2節で紹介した，子どもの学習活動を「見える化」した「単元計
画」の必要性を確認する。学習活動は，学習指導案の本時の展開に明示され
ることが一般的である。小学校においても中学校においても，社会科の授業
では，単元を一つのまとまりとしてとらえ，単元を貫く問い（もしくは，単
元課題）を子どもと設定して，探究的な学びが展開されることが多い。つま
り，一時間一時間が，単元を貫く問いに対する解を導き出すためにどのよう
な学習活動が展開されているかを明らかにすることで，単元の全体像がとら
えやすくなる。また，前後の学習活動の関連性もつかみやすくなる。

　例えば，学習指導案の単元の指導計画に，「問いをもつ」「課題を発見す
る」「調べる」「見学に出かける」「聞き取り調査をする」「考察する」「まと
める」などの学習活動が示されていれば，どのような学習活動を経て，単元
の目標にせまっていくのかが分かりやすくなる。この点について，小学校第
3学年，中学校社会科歴史的分野の単元を取り上げて紹介する。

2章　明日の授業づくりに役立つ！学習指導案の授業実践モデル　115

3 　授業実践モデル　小学校第3学年社会科
「わたしのまちのすてきポイントを見つけて伝えよう」

(1)　単元のねらい

　この単元では，校区やその周辺の調査，探検が学習に組み込まれていることが多い。生活科での学習経験を生かしながら，身近な地域を観察，調査したりする学習活動をとおして，地理的位置や地形，土地利用，分布などの社会事象を追究する視点となる社会的な見方を獲得することができる。

(2)　単元の指導計画（全6時間）

次数	主な学習活動
第1次	○まちの様子を把握しよう ・学校の屋上から，学校の周りの観察記録を作成する。 ・探検で調べてみたいことを話し合う。 ・地図の利便性を把握する。
第2次	○まち探検に出かけよう ・探検をとおして，まちの特徴を発見する。 ・発見したものを地図にまとめる。 ・探検で発見したことを話し合う。 ○探検していない場所の様子を調べよう ・工場見学の道中で，車窓からまちの様子を確認する。
第3次	○身近なまちの地図を作成しよう ・自分の家から学校までのルートを地図にする。

　子どもに学習の見通しをもたせるために，単元のはじめに，単元の指導計画に示した学習活動を伝えておくとよい。子どもと授業者が学習活動を共有することができ，子どもにも学習活動が「見える化」されることとなる。

116

4 (授業実践モデル) 小学校第3学年社会科
「119 ―守ろう わたしたちの安全―」

(1) 単元のねらい

　この単元では，子どもが生活する地域にある消防署で働く人の仕事の内容を取り上げるとともに，地域の一員として子どもが協力できることを考えさせる。

(2) 単元の指導計画（全11時間）

次数	主な学習活動
第1次	○まちで発生している火事の種類や発生件数を調べよう ・資料から必要な情報を読み取る。 ・単元を貫く問いをもつ。
第2次	○消防署と通信指令センターを見学しよう ・迅速に火災現場に出動できる理由を調べる。 ○被害を最小限にするための工夫や努力を考えよう ・消防署をはじめ関係機関の取組を調べる。 ・消防署で働く人の一日の様子を調べる。 ○消防団がある理由を考えよう ・消防団が担っている役割を調べる。
第3次	○学校安全マップを作成しよう ・グループに分かれて学校の消防施設を調べる。
第4次	○単元を貫く問いに対する解をまとめよう ・これまでの学習をもとに，消防署と地域住民の視点からまとめる。 ○地域の安全を守るためにできることを考えよう ・自助の視点から具体的な行動目標を提案する。

　消防署へ見学に出かける目的は，地域の安全を守るための人々の工夫や努力を具体的に調べることである。このように，学習活動を単元の指導計画にも位置づけていくことで，学習活動の意図や目的が「見える化」されるのである。

2章　明日の授業づくりに役立つ！学習指導案の授業実践モデル　117

5 授業実践モデル 中学校社会科歴史的分野 「鎌倉幕府が滅亡した理由にせまる！」

(1) 単元のねらい

　この単元では，武家政権の成立とその後の展開について関心をもち，幕府と御家人の関係を表す「御恩と奉公」の特徴を中心に，武家政権の特徴を主体的に探究させたい。また，蒙古襲来以降，幕府の勢力が衰退していく要因を，蒙古襲来時の御家人の負担と御家人の不満および，市場経済の発展とを関連付けてとらえさせる。

(2) 単元の指導計画（全7時間）

次数	主な学習活動
第1次	○鎌倉幕府が滅亡した理由を予想しよう ・小学校の既習事項を振り返る。 ・単元を貫く問いをもつ。
第2次	○鎌倉幕府が誕生した時代背景を確認しよう ・武家社会の特徴を整理する。 ○承久の乱の影響を考えよう ・六波羅探題の役割をつかむ。 ○鎌倉時代の人々のくらしの様子をつかもう ・農業技術の進歩による人々の生活の変化を調べる。
第3次	○蒙古襲来による影響を資料から読み取ろう ・徳政令が出された理由について話し合う。 ・徳政令は御家人のためのよい政策であったか判断する。 ○貴族文化と武家文化を比較してみよう ・鎌倉文化の特徴を調べる。
第4次	○単元を貫く問いに対する解をまとめよう ・これまでの学習をもとに，鎌倉幕府が滅亡した理由をまとめる。

　これまで実践事例で紹介した学習活動は，一時間の行動目標にもなる。つまり，子どもの学習活動を促す発問としても活用できるものである。

118

6 子どもの知的好奇心が高まる「単元名」をめざして

本節で紹介した単元には，第1章第2節で論じたことを踏まえて，単元の学習内容を端的に表現した「キャッチコピー」的な単元名を付けている。この単元名を単元の導入で子どもに提示することで，どのような学習が始まるのか予想させてみたらどうだろうか。

例えば，3学年の最初の単元において「わたしのまちのすてきポイントを見つけて伝えよう」と子どもに提示すれば，「大きな公園」「金魚池」「商店街」「古い建物」など，子どもの生活経験から得たまちの特徴が発表されるであろう。子どもの既習知識や生活経験を引き出しながら単元の学習へと導くことで，子どもの知的好奇心が刺激される。また，このような導入から，探検の視点を子どもにもたせていくことが可能となる。

中学校であれば，「鎌倉幕府が滅亡した理由にせまる！」と提示することで，小学校の既習知識を活用させながら，新たな知識を習得させていく学習活動が展開されることとなる。

単元名にこだわることで，ワクワクさせながら学習活動に主体的に向かう子どもを育てていきたい。

本節のまとめ

○授業者は，学習指導案に具体的な学習活動を示すことで，子どもの学びを促進するために学習活動の意図や目的を検討でき，授業改善にもつながる。

○単元の指導計画に学習活動を示すことで，子どもと授業者で学習活動が共有され，子どもにも学習活動が「見える化」される。

○単元の学習内容を端的に表現した単元名を付けて提示することで，子どもの知的好奇心を刺激し，学習活動に主体的に向かわせることができる。

2章　明日の授業づくりに役立つ！学習指導案の授業実践モデル　119

3 具体的なゴールとなる「目標記述」が明示された学習指導案の実際

目標と指導と評価の一体化をめざして

1 子どもが「分かる」「できた」が実感できる授業をめざして

　第1章第3節では，単元の目標と本時の目標記述については，達成目標で明示されなければならないと論じた。ここでは，実践事例を例示しながら，どのような目標記述が達成目標として成立しているといえるのか，検討する。

　小学校第5学年の「様々な土地のくらし」の単元において，単元目標が次のように示されていたらどうであろうか。

○様々な資料から情報を読み取って，主体的に学習に取り組みながら暖かい地域のくらしの特色を理解することができる。

　この記述から，資料を読み取って，暖かい地域のくらしの特色がわかることをめざしていることは読み取ることができる。しかし，どのような特色を子どもが理解すればよいのか具体的には示されていない。言い換えるならば，子どもは資料からどのような情報を読み取ることができれば，暖かい地域のくらしの特色を把握することができるか明示されていないのである。

　加えて，この目標をもとに観点別評価をどのように行ったらよいのであろうか。やはり，目標と指導と評価の一体化のためには，単元目標についても，3観点それぞれ明示する必要がある。3観点の目標を明示することで，評価規準を示すことにもなる。つまり，子どもに到達させたいゴールである単元目標を具体的に示すことが大切である。

　小単元であるならば，3観点すべてをとらえることは難しいこともある。

その際は，より厳選してどの観点を評価するためにどのような学習活動を展開するのかを検討すればよい。また，「主体的に学習に取り組む態度」については，複数の単元をとおして評価することも多い。これらの点については柔軟に対応していきたい。

2 達成目標として明示される目標記述の具体―単元目標編―

それでは，先ほど提示した単元目標をどのように改善していくとよいのだろうか。ここでは，観点別に検討していく。なお，第1章第3節でも紹介したように，知識と技能については峻別して目標記述も示すこととする。

○沖縄県では，自然条件や社会条件を生かしたり克服したりしながら，人々は生活や産業を営んでいることが分かる。　【知識】
＊本時の学習活動をとおして習得する自然条件や社会条件に関わる具体的な知識は，次の6点である。
・沖縄県の1月の平均気温は15℃以上あり温暖で，桜の平均開花温度にあっているため，1月に桜が咲く。
・沖縄県は台風がよく通過し被害も大きくなるため，平らの屋根が多い。
・沖縄県では温暖な気候を生かして，さとうきびやパイナップルなどを栽培している。
・沖縄県では温暖な気候を利用して，他地域では栽培できない時期に野菜や花を栽培して，高い値段で取り引きしている。
・沖縄県では歴史遺産や自然環境を観光資源にして，多くの観光客を国内外から集めている。
・沖縄県では第二次世界大戦後，アメリカ軍の占領地となり今もなお広大な土地が軍用地として使われている。

知識に関する単元目標に関しては，内容教科であるからこそ，毎時間の学習活動をとおしてどのような知識習得があるのかを明示するとよい。個別具体的な知識については，今回のように単元目標に示す場合もあるだろうし，単元の指導計画に位置づけてもよいだろう。

　○自然条件である気候や地形について，日本地図や雨温図，地形図，土地利用
　　図などの資料をもとに，他地域と比較しながら特色を読み取ることができ
　　る。　　【技能】

　技能に関する単元目標に関しては，どのような資料を活用してどのような視点から情報を読み取らせるとよいか明示するとよい。このような目標記述とすることで，活用したい具体的な資料を整理することとなる。

　○資料から読み取った情報である自然条件（気候や地形の特色）と，その地域
　　で生活する人々のくらしや産業と関連付けて考え，まとめることができる。
　　【思考，判断，表現】

　思考，判断，表現に関する単元目標に関しては，子どもにどのような思考活動をさせたいのか，単元のねらいにせまる中核の思考活動を明示するとよい。本単元では，「関連付け」といった思考活動を子どもに求めている。

　○自然条件に適応しながら生活をしている人々のくらしに関心をもち，自分の
　　くらしと共通点や相違点を発見しながら，地域的特色を主体的に探究してい
　　る。　　【主体的に学習に取り組む態度】

主体的に学習に取り組む態度については，単に，意欲的に取り組んでいると記述するのではなく，子どもはどのような社会事象に関心をもって，主体的に探究するとよいか明示するとよい。

3　達成目標として明示される目標記述の具体─本時の目標編─

　単元目標は沖縄県を事例としたので，本時の目標については北海道を事例に検討する。それでは，本時の目標が，次のように示されていたらどうであろうか。

> ○1年をとおして北海道に多くの観光客が訪ねる理由が分かる。
> 　【知識，技能】

　第1章において，単元目標における達成目標について理解されたならば，この本時の目標は達成目標とは言えないことに，もうすでにお気付きのことであろう。上記の目標記述は方向目標であり，子どもは何が分かればよいか不明瞭であり，多くの観光客が訪ねる具体的な理由がこの記述では分からない。つまり，本時のゴールが具体的に示されておらず，評価しづらいものとなる。

> ○北海道は，夏の快適な気候をもとめて観光客が多く訪れるだけではなく，寒さが厳しい冬にもイベントがあったり，ウインタースポーツを楽しむことができたりするため，1年をとおして観光客が多いことが分かる。【知識】

　このように学習指導案の本時の目標を記述することで，習得させたい知識が具体的に明示される。だからこそ，評価もしやすくなる。例えば，夏の気候のみに着目した子どもの記述であれば，「冬はどうかな」と補足発問することで，子どもの気付きを促すことができる。

2章　明日の授業づくりに役立つ！学習指導案の授業実践モデル　123

4 〔授業実践モデル〕小学校第5学年社会科
「北海道のひみつを探ろう！」

(1) **本時の目標**…前頁に示したとおりで，評価規準としても活用する。

(2) **本時の学習課題**

◇北海道のひみつを探究しよう！part 4

「なぜ，1年をとおして北海道には多くの観光客が訪れるのだろう」

(3) **本時の展開（4／9時間）**

学習活動 ・ 主な発問（○）	指導上の留意点
1 学習課題を設定する。 ○北海道と沖縄県を訪問する観光客数を比べてみよう。	・北海道と沖縄県の観光客数を比較して，相違点を整理させる。全体的な傾向を把握しながら，季節にも着目させる。 ・活用した資料をもとに，北海道のひみつを探る学習課題を提案させる。
2 予想をする。 ○1年をとおして多くの観光客が訪れる理由を予想しよう。	・前時までの学習を振り返りながら，予想をノートに書かせる。 ・その予想した理由を加えながら，発表させる。
3 確かめ資料を選択する。 ○どのような資料があれば，予想を確かめられるかな。	・検証資料を検討させることで，資料を読み取る視点をもたせていく。
4 資料を活用して検証する。 ○資料集やタブレットを使って調べていこう。 ＊個人追究→グループで共有化を図る。	・北海道を訪れる観光客が多い理由を具体的に調べ，ノートに整理させていく。 ・夏の気温が，子どもがくらす地域の何月ごろと同じくらいか読み取らせる。 ・観光客数の変動とイベントカレンダーと関連付けながらとらえさせる。
5 学習課題の解をまとめる。 ○観光客が多く訪れる理由をまとめよう。	・資料から分かったことや発表を聞いて気付いたことをもとに，ノートにまとめさせる。 【評価：知識】子どもの記述（☆）

5 授業実践モデル 小学校第3学年社会科
「119─守ろう　わたしたちの安全─」

　第2章第2節の単元計画（117頁）で取り上げた消防署を見学する学習活動を取り上げて，本時の目標と学習活動を紹介する。

(1)　本時の目標

○　海部南部消防署の人が，通報から1分以内に出動できるひみつを見学や体験，聞き取り調査をとおして次のことが分かる。　　　　　　【☆知識】

　　＊通報から1分以内に出動できるひみつの具体

　　①　出動しない時に訓練をしていること

　　②　出動しやすいように車を前向きに止めていること

　　③　着替えをしやすいように消防服をロッカーにかけていること

　　④　制服のまま仮眠していること

　　⑤　司令官が分かりやすい指示書をつくっていること

○　前時に予想したことを検証するために，意欲的に見学で分かったことを記録したり，消防士の方に質問したりすることができる。

【☆主体的に学習に取り組む態度】

(2)　本時の学習課題

◇　なぜ，消防署の人は，火事の現場にすばやくかけつけることができるのだろう。

(3)　本時の展開（2～4／11時間）

学習活動　・　主な発問（○）	指導上の留意点
1　見学の視点を確認する。 ○きょう，調べたり確認したりしたいことは何だったかな。	・移動時間を活用して，見学の視点（子どもの予想）を振り返らせる。 ・緊急出動が発生する場合もあるので，その際は，指示に従って消防士の動きを妨げないようにすることを伝える。
2　見学，体験をする。 ○すばやくかけつけることができる	・消防士の人の工夫や努力についてポイントとなることをキーワードなどでメモするよ

2章　明日の授業づくりに役立つ！学習指導案の授業実践モデル　125

ひみつをさぐろう。 ＊見学や体験すること ・署内の施設 ・消防自動車の種類 ・消防士の日常の仕事 ・防火服着用体験 ・装置着用体験 ・けむり体験 ・はしご車試乗体験 ・消火訓練の見学 ・消防指令センターの見学	うに指示する。 ・防火服や装備の着用体験をとおして，消防士の着用スピード（32秒）と比較し，迅速な行動であることを実感させる。 ・けむり体験をとおして，火災発生時の適切な行動を習得させる。 ・消火訓練の見学では，役割分担が明確であり，一人ひとりが無駄のない動きで活動していることに気付かせる。 ・消防指令センターでは，119番通報から出動まで，どのような流れであるのか，センターで働く人の様子から把握させる。 【評価：態】子どもの活動のようす（☆）
3　学習課題の解をまとめる。 ○見学や体験からすばやくかけつけることができるひみつをまとめよう。	・見学メモをもとに，グループでワークシートに箇条書きでまとめさせる。 ・もっと調べたいことや新たな疑問があれば，ワークシートに記述させ，次時からの学習で取り上げていく。 【評価：知識】子どもの記述（☆）

　子どもは本時の学習活動である見学や体験活動をとおして，「消防署のひみつ」について，次のような情報を収集してくる。

・防火服と空気ボンベで30kgになるから，くんれんをして体をきたえている。
・早く出動できるように，1分以内に服を着る練習もしている。
・かみんしつはねるところだけど，ぐっすりはねない。おきたりねたりくりかえす。
・24時間きんむだから，生活にかかせないしょくどうやおふろなどがあった。
・タンク車は2000Lの水が入っているけど，あっという間になくなる。だから，プールの水や道路にある消火せんからも水をひっぱってくる。
・水陸両用バギーもあって，大きなさいがいにもそなえている。

見学や体験をとおして印象に残ったことは，一人ひとり異なるため，学習のまとめをグループで取り組ませて，情報の共有化を図るとよい。

6　授業実践モデル　中学校社会科地理的分野「南アメリカ州」

　ここまで，観点別評価の「知識」の目標記述を中心に実践事例を紹介してきた。ここでは，「思考，判断，表現」に着目して実践事例を紹介する。

　取り上げる単元は，中学校社会科地理的分野における世界の諸地域学習「南アメリカ州」である。世界の諸地域学習では，地球的課題と関連付けながら持続可能な社会づくりについて考察や構想をしていけるとよい。

　そこで，地球的課題の一つである「環境問題」に着目して，「ブラジルにみる環境問題を踏まえてこれからの開発について考えよう」の実践事例を紹介する。本時として紹介する授業は，ブラジルにおける開発によって熱帯林の破壊や生態系への影響を学習して知識を習得した子どもが，本時の学習課題を考えるものである。

(1)　本時の目標

　開発で生じたメリットとデメリットを比較しながら，今後のブラジルにおける開発のあり方について三つの視点（環境，経済，社会）や「**世代間の公正**」，「**世代内の公正**」といった視点に立って，考えることができる。

【思考，判断，表現】

　＊ゴシック体箇所：価値判断させる際に子どもに活用させたい視点

(2)　本時の学習課題

◇　ブラジルは「開発を進めていくべきか，やめるべきか」，今後のブラジルの開発のあり方について考えよう。

(3)　本時の展開（6／6時間）

学習活動　・　主な発問（○）	指導上の留意点
1　環境破壊の現状を振り返る。 ○アマゾン川流域ではどのような環	・ノートを活用しながら，アマゾン川流域の森林減少の理由について想起させる。

2章　明日の授業づくりに役立つ！学習指導案の授業実践モデル　127

境問題が起きていたかな。	
2　本時の学習課題を設定する。	・考えたい地球的課題の中から，子どもに課題を選択させていく。
3　一次判断を行う。 　　　　　　　　現時点での判断	・ブラジルの開発について，根拠をもたせながら判断させる。
4　開発によるメリットやデメリットをグループで整理する。 ○資料やタブレットを活用しながら，開発による影響をグループで調べていこう。	・開発が与えている影響をグループで分担しながら，メリットとデメリットの両面からとらえさせる。 ・調べる際には，開発のあり方を考える視点として，環境・経済・社会の三つの側面からワークシートにまとめていくように指示をする。 ・持続可能な社会を構築するには，「世代間の公正」と「世代内の公正」の視点から検討していくことも重要であることを確認する。
5　開発のあり方を提案する。 ○班ごとに発表していこう。 事実の分析的検討を経て，最終的な結論を出す。	・発表する際には，まずグループでどのような意見が出されて，話し合いがどのように展開したのか，報告させる。 ・メリットを生かす点やデメリットを克服する点などに着目させながら，各グループの提案内容をつかませていく。
6　二次判断をするとともに，自己の考えをまとめる。 ○発表を聞いて，ブラジルの開発のあり方について自分の考えをまとめていこう。	・クラスで共有した意見を踏まえて，ブラジルの開発のあり方について最終判断させる。 ・持続可能な社会を構築するために，三つの側面から提案するように指示をする。 ・提案した内容は，日本で生活する私たちにとっても大切なことであるか検討させる。 【評価：思】子どものワークシート

　社会問題を取り上げ，問題解決に向けて提案させる社会科授業において，「思考，判断，表現」が目標となることが多い。

そこで，目標記述を提示するときには，どのような視点から考えることができるとよいか，授業者は意識するとよい。

　例えば，「この地域で産業が発達した理由を考える」といった本時の目標はどうであろうか。この文章表現では，考える「視点」が明示されていない。

> ○この地域で産業が発達した理由について，自然条件（地形や気候）と社会条件（交通や人口）に着目して考える。【思考，判断，表現】

　このように表記することで，どのような社会的な見方を働かせて考えさせていくか分かりやすくなる。まさに，社会的な見方を活用した子どもを評価することができる。

　今回紹介した世界の諸地域学習では，持続可能な社会を考える視点となる「世代間の公正」と「世代内の公正」を活用させた。これらは，社会的な見方として現代社会をとらえる有効な視点となる。授業の中でこれらの視点を取り上げていくことで，子ども自らが活用できるようにしたい。

本節のまとめ

○授業者は，学習指導案に達成目標として目標を明示して評価規準と位置づけていくことで，目標と指導と評価を一体化することができ，子どもの評価も容易となる。

○技能の観点を達成目標として明示することで，どのような資料を活用するとよいか，授業者は整理できる。

○思考の観点を達成目標として明示することで，子どもにどのような思考活動をさせたいか，どのような視点から分析させたいか，授業者は整理できる。

2章　明日の授業づくりに役立つ！学習指導案の授業実践モデル　129

4 明日の授業で活用したい 「本時の展開」の実際

子どもが主体的に参加できる学習環境の整備にむけて

1 子どもの主体性を保障し, 「分かる」「なるほど」が実感できる授業

　第1章第4節では, 学習指導案に示される「本時の展開」は,「学習活動」と「指導上の留意点」に注力することの重要性を論じた。その理由として, 次の2点を指摘した。

　1点目は, 授業は子どもの主体性が保障されなければならないことである。子どもが学習活動に主体的に参加できる学習環境の整備にむけて,「学習活動」に注力しなければならない。

　2点目は, 子どもが「分かった」「なるほど」と学ぶ楽しさが実感できなければならないことである。すべての子どもの学びを保障するために,「指導上の留意点」において, 具体的な支援を検討することが重要である。

　それでは, 読者の皆さんは, 教育実習などで作成される学習指導案で, 次のような本時の展開（導入）が示されたもの（資料1）を見たことが一度はあるのではないだろうか。

資料1　本時の展開（導入）例

学習活動	指導上の留意点
1　ねらいを説明する。	・授業のねらいを知らせ, 黒板にめあてを書く。
2　学習課題を伝える。	・本時は, 北海道のくらしの様子を学習することを知らせる。

授業の導入であるので，子どもに見通しをもたせることがねらいであることが分かる。しかし，学習活動に示された「ねらいを説明する」や「学習課題を伝える」ことは，授業者の行為であって子どもの学習活動ではない。また，指導上の留意点に示された「黒板にめあてを書く」や「知らせる」ことも，授業者の行為であって子どもの学習活動を促進する内容ではない。

　それでは，授業者の意図や目的を「見える化」した本時の展開にするためには，どのように改善をしたらよいのだろうか。

資料2　本時の展開（導入）例

学習活動	指導上の留意点
1　前時を振り返る。	・前時の学習を振り返り，北海道地方の気候の特色を確認する。
2　学習課題を設定する。	・二つの資料を比較して違いを発見させ，考えたい問いや疑問をもたせる。

　資料2に示すように，前時の学習である北海道地方の気候の特色を確認することで，子どもは本時の学習課題を設定する際に活用できる既習知識を振り返ることができる。そのうえで，資料を比較しながら学習課題を設定する学習活動が「本時の展開」に示される。なお，学習活動のおおまかな流れについて，授業が進むにつれて子どもは把握してくる。そこで，授業開きでこの点については丁寧に扱い，見通しがもてない不安感を抱かせない工夫をするとよい。

　先ほど例示した「説明する」ことが，次のように活用されている本時の展開（資料3）も見たことがあるのではないだろうか。

2章　明日の授業づくりに役立つ！学習指導案の授業実践モデル　131

資料3　本時の展開例

学習活動	指導上の留意点
3　封建制度について説明する。	・教科書を読んで，武家政治の特徴について理解させる。

　まさに，このような学習指導案は，知識注入型のタイプである。「武家政治の特徴について資料を活用して調べる」のではなく，授業者が一方的に子どもに説明してしまうのである。学習活動に示された内容を見れば，授業者の授業スタイルが分かる。この授業では，子どもの主体的な学びは実現しない。

　また，指導上の留意点に示された「教科書を読んで理解させる」ことをめざして，社会科は教科書を読めばよい授業になってしまう。

　それでは，子どもの主体的な学びを実現させるためには，どのように改善したらよいのだろうか。

資料4　本時の展開例

学習活動	指導上の留意点
3　武家政治の特徴について調べる。	・教科書や資料集から，幕府の政治のしくみや将軍と御家人との関係性（主従関係）について読み取らせる。

　資料4に示すように，どのような情報を収集するとよいか，指導上の留意点に明示することで，子どもの学習活動である「調べ学習」が主体的に展開される。つまり，学習活動の意図や目的が留意点に反映されることで，何をどのように調べてよいか分からない子どもに対する助言もできるようになる。

2 主体的な学びの土台となる子どもの「知る」学習活動

第1章第5節で紹介した「社会科の木」の幹に示した「知る」ことは，子どもに予想を立てさせたり，考えさせたりする重要な学習活動である。

生活経験や知識量が異なる子どもの集団であるからこそ，考える基盤となる情報を収集することができる学習活動が必要である。この学習活動を本時の展開においては，「知る」学習活動と位置づけていくとよい。具体的には，社会科においては，資料から情報を読み取ったり，授業者が示す資料から社会事象を把握したりする活動が「知る」学習活動である。

例えば，授業の導入で資料を活用することで，「沖縄県の1月の平均気温は15℃ある」「オーストラリアのクリスマスは，サンタクロースがサーフボードに乗っている」「江戸時代の京都には，京都所司代が設置された」といった社会事象と出会うことができる。つまり，社会事象と出会う学習活動がなければ，子どもは考えたくても考えることができない。

この「知る」学習活動によって，子どもは新たな発見があったり，疑問を抱いたりすることができ，考えたい問いをもち，主体的な学びへと向かっていくのである。

3 すべての子どもの学びの保障をめざした指導上の留意点

子どもの特性は，一人ひとり異なる。当たり前のことで明記する必要はないと，多くの読者は思っておられるであろう。しかし，具体的な指導上の留意点について紹介するにあたり，ここで確認したい。

ここでは，実践事例を示しながら，どのような目標記述が達成目標として成立しているといえるのか，読者の皆さんと検討していきたい。

例えば，子どもの中には，「イメージすることの苦手さ」「曖昧な活動への不安感」「認知の偏り」といった特性をもつ場合がある。すべての子どもの学びを保障するためには，これらの特性に応じた指導上の留意点を考える必

2章 明日の授業づくりに役立つ！学習指導案の授業実践モデル 133

要がある。このような視点からも，子どもの学習活動を促進する手立てとなる指導上の留意点を検討したい。

そこで，授業のユニバーサルデザイン化として提案されている「視覚化」「焦点化」「動作化」などといった視点を，指導上の留意点にも組み込んでいくとよい。特に，ICT が様々な学習活動で活用されているからこそ，この視点を意識することで，授業改善にもつながる。

本章では，学習指導案について本時を示す略案とともに，研究授業に向けて作成される細案も紹介していく。

4　授業実践モデル　中学校社会科地理的分野「中国四国地方」

(1)　**単元名**　人口の偏りに着目して「中国四国地方」の地域像をとらえよう

(2)　**教材観**

中国・四国地方は，地形や気候から山陰，瀬戸内，南四国の三つの地域に分類できる。さらに，産業の特色や人口の増減の状況からは，瀬戸内，山陰・南四国の二つに分類できる。瀬戸内は工業発達が著しい地域であり，人口の増加地域でもある。一方，山陰・南四国では，農業，水産業において特色がみられる地域である。また，過疎問題の深刻な地域でもある。

『中学校学習指導要領解説社会編』では，「人口や都市・村落を中核とした考察の仕方については，地域の人口の分布や動態，都市・村落の立地や機能に関する特色ある事象を中核として，それをそこに暮らす人々の生活・文化や産業などに関する事象と関連付け，人口や都市・村落が地域の人々の生活・文化や産業などと深い関係をもっていることや，過疎・過密問題の解決が地域の課題となることなどについて考察することが考えられる」と示されている。このような本単元での学びは，「地域の在り方」を学習する際に，地域課題を解決するための視点を獲得することにもつながる。

地方自治体の多くが，人口減少，人口流出，過疎の課題を抱えており，自

治体としての機能の維持が難しくなっている。交通網といったインフラ基盤の整備や地域資源を生かした6次産業化によるまちづくりなどを学習することで，都市機能を維持するために必要な要因を把握することができる。

そこで，本単元では，このように三つに分類される中国・四国地方を「人口や都市・村落を中核とした考察」の視点から産業の特色，交通の発達，地域の問題点について認識させることとする。

なお，中国・四国地方の事例を考察することをとおして習得した「社会事象の見方・考え方」を活用することで，他の地域の学習を進めていくうえで必要となる「一般的共通性（概念的知識）」や「地方的特殊性（説明的知識）」を見出す視点を育成することができる。

(3) 指導観

社会科は，「科学的な社会認識形成」をめざす教科である。生徒に「科学的な社会認識形成」をさせるためには，科学的な知識を科学的な探究の方法で習得していく学習過程を構成しなければならない。そのために，「探究Ⅰ」の授業構成理論*に基づき，学習過程を構成する。学習課題（「なぜ疑問」）の設定→予想・仮説の設定→資料選択→検証→まとめを経て，生徒に説明的知識を習得させることとする。なお，視覚的にとらえやすくするために，GoodNotes（手書きノートアプリ）を活用して大型電子黒板に提示し焦点化を図る。

中学校の社会科学習は，「内容が多くて時間が足りない」という声をよく耳にする。そこで，本時の学習では，前単元までの学習である「日本の地域的特色」で習得した知識を意図的に活用できるように，発問を工夫して授業を進めることで，生徒に「社会的な見方」を働かせながら社会認識を形成していく。

*「探究Ⅰ」の授業構成理論は，米田豊「『習得・活用・探究』の社会科授業づくりと評価問題」米田豊編著『「習得・活用・探究」の社会科授業＆評価問題プラン　小学校編』（明治図書，2011）pp.7-21を参照されたい。

⑷ **本時の学習**

① 本時の目標

○瀬戸内地方に人口が集中している要因を，資料から読み取った情報をもとにまとめ理解している。【知識】

○中国四国地方の人口分布の偏りを資料から読み取ることができる。【技能】

＊子どもに書かせたい本時のまとめ＊

　瀬戸内地方は古くから交通の要所であり，工業の中心として発展してきたため，人口が多く集まる場所となっている。その発展の背景には，おだやかな気候と豊かな水源も影響している。　　【評価（ノート記述より）：知識】

② **本時の展開（1／5時間）**

段階	学習活動　と　○主な発問・予想される生徒の反応	＊指導上の留意点と◇授業仮説
学習課題設定場面(5)	1　学習する地方を把握する。 ○この写真はどこの都市でしょう。 ・広島市　・神戸市　・函館市 ・山口市 2　地域差を資料から読み取る。 ○この写真で気付くことはありますか。 ・スタバに似ている。 ・でも文字を見ると…何かちがう。 3　学習課題を設定する。 ○この資料から分かることを発表しましょう。 ・人口が集まっているところが赤い。 ・人口に偏りがあって，瀬戸内に集中。	＊ GoodNotes で写真を提示する。 ＊導入であるため，自由に発言させる。 ＊本時から中国四国地方の学習に入ることを知らせることで，その地域に関連する都市を想起させる。 ＊生徒がよく知っているコンビニエンスストアが山陰（鳥取）に進出したのは2017年であることを知らせ，地域差を実感させる。 ＊教科書の中国・四国地方の人口分布図を大型電子黒板に提示し，人口が集中している地域を読み取らせる。 ＊どのあたりに集中しているのか，生徒にマークさせることで焦点化を図る。

本時の学習課題	なぜ，瀬戸内地方に人口が集中しているのだろう。	
予想・資料選択場面(7)	4 予想を立て，仮説に高める。 ○なぜ，瀬戸内地方に人口が集中しているのか予想を考えましょう。 ・温暖だから。 ・冬でも穏やかな気候だから。 ・交通網が発達しているから。 ・瀬戸内工業地域がひろがっているから。 ○みんなの予想を仲間分けしてみましょう。 5 検証に必要な資料を収集，選択する。 ○みんなが立てた予想を確かめるためにどんな資料があるといいですか。 ・雨温図があれば気候がよく分かる。 ・交通網が分かる地図があればいい。 ・工業地域の位置が分かる全国地図がほしい。	*既習事項である「山陰」「瀬戸内」「南四国」の三地域に区分できることを大型電子黒板で確認したうえで，多様な予想を発言させる。 *また，中国山地と四国山地を境にして三地域に区分されることを確認する。 *日本の特色と地域区分の学習内容を振り返りながら予想した発言を「気候」「交通」「工業」の視点から分類する。 *子どもが発表した予想を分類することで，仮説に高めていく。 *資料を活用した検証ができるようにするために，どのような資料があればよいか学級全体で共有しながら資料選択の視点を確認する。
検証場面(28)	6 予想を検証する。 ○教科書や資料集を活用して，瀬戸内地方に人口が集中している理由を調べましょう。 ・降水量が少ないから住みやすい。 ・九州と近畿を結ぶ海路であり重要な地。 ・水上交通が盛んで港町が発達。 ・塩の生産が発達（塩田）。 ・瀬戸内工業地域が広がり工業が発達。	*資料を活用した場合は，どの資料から分かったことであるかも記入するように指示をする。 ◇地形や気候といった地理的環境（内海であるためおだやかであり風の影響を受けにくいこと，河川が広がっていること）から瀬戸内海の特徴をとらえさせることで，交通の要所となった理由が分かるであろう。 *個人調べをした後，小グループの意見交流で共有化を図るとともに，自分では気付かなかった視点に触れて深めさせる。

2章 明日の授業づくりに役立つ！学習指導案の授業実践モデル 137

	○瀬戸内は，工業が発達したり，交通の要所として都市が形成されたりして人が集まってきたということですね。 ○ところで，この瀬戸内地方には，どこから人が集まってきたのかな。	＊瀬戸内地方がこれまで交通・工業において重要な役割を果たしており，労働力が必要であったことに気付かせ，人口分布の偏りが生じている要因を全体で共有する。
まとめ (5)	7　学習課題の解をまとめる。 ○なぜ，瀬戸内地方に人口が集中しているのか，調べたことをもとにまとめましょう。	＊交通，工業，（気候）をキーワードに入れて人口が集中する理由を記述するように指示をする。 ＊生徒の記述を大型電子黒板に提示することで，意見の全体共有を図り，交通，工業の視点に着目して記述できたかどうか再確認する。
単元を貫く学習課題の設定場面 (5)	8　単元を貫く問いを設定する。 ○今日は，人口が集中する地域について勉強しました。中国四国地方は，この資料のように人口分布に偏りがあることが分かりましたね。この要因をこれから探究していきましょう。	＊教科書の中国・四国地方の人口分布図の資料を提示し，中国四国地方の人口の偏りを確認するとともに，単元を貫く学習課題を設定する。
	単元を貫く学習課題　なぜ，中国四国地方は人口分布に偏りがみられるのだろう。そのことでどのような課題が生じているのだろう。	
	9　次時の学習へ見通しをもつ。 ○次の時間は，人口が減少する地域はどのような地域なのか考えてみましょう。 ・あまり産業が発達していない地域。 ・交通の便がよくないところ。	＊本時は人口が集中する地域の要因を探究したので，人口が減少する地域の要因についても視点を向けさせていきたい。

5 授業実践モデル 中学校社会科地理的分野「東北地方」

(1) 本時の目標

タブレットを活用して東北地方の伝統的な祭りについて分かる資料を集めて，祭りが行われている目的を調べることができる。　　　　　　　　【技能】

(2) 本時の学習課題

東北地方の伝統的な祭りのひみつを調べ，人々のくらしを予想しよう。

(3) 本時の展開（1／5時間）

段階	学習活動　と　○主な発問・予想される生徒の反応	＊指導上の留意点と◇授業仮説
学習課題設定場面(5)	1　東北地方のイメージを共有する。 ○東北地方と聞いて何を連想したかな。 ・修学旅行で行くところ。 ・北海道からちょっと近い。 ・りんごの産地，雪が降る。 ・新幹線で結ばれた。 ○この映像は何だろう。 ・祭りの様子。 ・夏祭り。 ○北海道の祭りと比べて違うところは？ ・雪がない。 ・道具が大きい。 ・ソーラン節は踊りがメインだね。 2　学習課題を設定する。	＊導入であるため，自由に発言させる。 ＊本時から東北地方の学習に入ることを知らせ，生徒の東北に対するイメージを全体で共有する。 ＊現在，建設が進んでいる北海道新幹線にも視点を向けさせ，北海道との結び付きを確認する。 ＊東北三大祭りの映像を見せて，知っているかどうか尋ねたあと，「秋田の竿灯祭り」「仙台の七夕祭り」「青森のねぶた祭り」であることを知らせる。 ＊東北三大祭りの特徴をつかませるために，北海道の祭り（雪まつり，ライラック祭りetc）と比較させる。
情報収集・把握場面(12)	3　必要な情報を収集する。 ○グループに分かれて，東北の三大祭りを調べよう。 〈班編制〉 　1・4班：秋田竿灯祭り 　2・5班：仙台七夕祭り 　3・6班：青森ねぶた祭り ＊四つの視点とは，①祭りの期間，②人口と来場者，③	◇ワークシートを配付し，四つの視点から情報を読み取らせれば，祭りが行われている目的をつかむことができるであろう。 ＊4人のグループ構成で，グループで協力して四つの視点を調べるように助言する。 ＊インターネットを活用して情報収集する際，情報を吟味しながら読み取らせたい。 ＊各班が調べたことを共有するために，黒板

2章　明日の授業づくりに役立つ！学習指導案の授業実践モデル　139

	祭りの道具，④祭りの目的（願い）である。 ○調べたことを全体で共有しよう。	にもワークシートと同じ表を提示してまとめていく。 ＊焦点化を図るために，黒板にはキーワードで書き込むようにする。
予想・本時の振り返り⑳	4　なぜ，東北地方では夏の時期に多くの祭りが行われているのか予想する。 ○夏に祭りが行われる理由を予想しよう。（予想1） ・夏のほうが気候がよいから。 ・お盆で帰省する人が多いから。 ○「東北の三大祭り」は，今と昔で同じところや違うところはあるか，予想してみよう。（予想2） ・観光客の数が増えている。 ・地域ごとにやることが同じ。	＊グループで話し合ってから発表させる。 ＊予想を発表する際は，どうしてそのような予想をしたか，根拠も合わせて発表させるようにしたい。 ＊発表された予想を振り返り，同じところや違うところに気付かせる。 ＊祭りは時代が変わっても継承されて各地で実施されていることを確認するとともに，昔の写真を示すことで，観光資源にもなっていることに気付かせたい。
	5　本時を振り返る。 ○東北地方で開催されている祭りから，東北のくらしが少し見えてきましたね。次の授業からどのようなことをさらに調べてみたいかな。 ・東北地方の人々はどんな仕事をしているのかな。 ・冬の生活。 ・観光客が来やすくなった理由。	＊祭りに込められた願いや思いから気付かせていく。 ＊まずは，個人で調べていきたいことを考えさせてから，グループで調べたいことを仲間分けしながら，調べていく順番を決める。 ＊東北地方のくらしについてどのようなことをさらに調べていきたいかノートに記述させることで，次時の学習の視点をもたせていく。
単元を貫く学習課題の設定場面⑤	6　単元を貫く学習課題を設定する。 ○調べていきたいことがたくさん見つかりましたね。	＊次時からどのようなテーマで東北地方を学習していきたいか，単元を貫く学習課題を子どもに設定させていく。
	単元を貫く学習課題　東北地方の人々は，伝統文化を守りながらどのようなくらしをしているのだろう。	
	7　次時の学習へ見通しをもつ。 ○どのようなくらしか予想してみよう。	＊自分の地域との共通点や相違点を見つけながら，次時からの学習を進めていくように伝える。

6 　授業実践モデル 　中学校社会科地理的分野「ヨーロッパ州」

(1)　本時の目標

○気候に合った農業が行われていることが分かる。　　　　　　　　　【知識】

　＊具体的には，学習指導案に示す内容

○EUが抱える農業課題を把握し，課題解決にむけてEU圏域における政策

　について吟味，検討することができる。　　　　　　　　【思考，判断，表現】

(2)　本時の学習課題

　なぜ，食料自給率が国ごと，農産物ごとに違いがあるのだろう？

(3)　本時の展開（2／6時間）

学習活動	＊指導上の留意点　◇授業仮説
1　前時の振り返り。	＊大型電子黒板にヨーロッパの地形図や雨温図を提示しながら，地理的条件を確認する。
2　EUの国名を聞いて想起する食べ物を発表する。	＊フランスは→フランスパン，イタリアは→ピザ・パスタと発表させながら，生徒にとって身近な食料を導入して，EUの農業に視点を向けさせていく。
3　食料自給率の表をもとに，本時の学習課題をつくる。	＊教科書の各国の農産物別自給率が分かる資料をもとに，地域ごとに主要農産物が異なること，自給率にばらつきがあることを読み取らせる。 ＊諸外国の食料自給率についても比較させ，日本と比べてヨーロッパ各国の自給率は高いものの，広大な土地で農業を展開している国（加・豪・米）には及ばないことに気付かせる。
4　学習課題に対して，予想を立てる。	◇前時の学習内容（気候）に着目させることで，農産物の生産には，気候や土地の性質が大きく影響していることが分かるであろう。
5　資料をもとに検証する。	＊教科書のヨーロッパ農業の様子が分かる資

2章　明日の授業づくりに役立つ！学習指導案の授業実践モデル　141

〈気候に合った農業〉
・混合農業：
　（春）小麦＋家畜
　　　→西岸海洋性気候
・酪農：
　乳製品の生産
　　　→冷帯・寒帯
・地中海式農業：
　（冬）小麦＋果樹
　　　→地中海性気候

6　学習課題の解をまとめる。

7　食料自給率を上げる政策を知る。

8　EUのめざす農業のあり方について検討する。

料から，混合農業，酪農，地中海式農業が広がっているところを読み取らせるとともに，どのような農産物を生産しているのか，食料自給率の割合から推測させる。

＊気候帯の資料をもとに，降水量や気温の影響があることを読み取らせる。

＊小麦は米に比べて寒さや乾燥に強い一方，暑さや収穫時は雨に弱い性質であることを知らせ，混合農業で栽培される小麦と地中海式農業で栽培される小麦の時期が異なることに気付かせる。

＊ヨーロッパの農業の様子について，タブレットの略地図にまとめさせる。

＊北海道では，酪農はどの地域で盛んかを振り返らせ，共通した気候であることに気付かせる。

＊EUは「共通農業政策」をとり，EU域外の輸入農産物に対抗するために農家や地域に補助金を出していることを知らせる。

＊CPA予算の推移を示すグラフから，年々増加傾向にあったことを読み取らせる。

◇EU加盟国は増加していることを振り返らせることで，共通農業政策は，EUの財政を圧迫しており，単に補助金を出すだけでは本質的な解決とはならないことに気付かせることができるであろう。

＊EU域内の食料自給率を上げることが，EU全体としてメリットになること，付加価値を付けることで商品競争力を高めることにもつながることを把握させる。

7 授業実践モデル 中学校社会科公民的分野
「企業の生産のしくみと労働」

(1) 本時の目標

○ ワーク・ライフ・バランスの実現をめざして，企業にとっても労働者に
とってもよい労働環境のあり方について探究する。【思考，判断，表現】

(2) 本時の課題

　グループで，会社にとっても労働者にとってもよい労働条件通知書を作成
しよう。

(3) 本時の展開（5／6時間）

学習活動	＊指導上の留意点　◇授業仮説
1　前時の振り返り。	＊労働者の権利についてどのように保障されていたか確認する。
2　現代社会の動向を知る。	＊理想の労働環境や条件などを確認する。 ＊地方自治体や企業で「週休3日制」が導入され始めていることを，新聞記事から読み取らせる。 ＊教科書の資料から人権尊重の視点からも労働環境を整備することが不可欠であることに気付かせる。
3　本時の学習課題を設定する。	
4　グループで労働条件通知書を作成する。 　・就業時間 　・休日 　・休暇 　・賃金 　・業務の内容	＊厚生労働省の労働条件通知書に書かれている項目を活用して，オリジナル労働条件通知書を作成することを伝える。 ＊どのような項目が，労働者にとって重要であるかをグループで相談させて，優先順位をつけさせる。その理由についても説明できるように指示をする。 ＊自治体の最低賃金を確認する。

2章　明日の授業づくりに役立つ！学習指導案の授業実践モデル　143

	＊業務内容と似ている企業や自治体の募集要項を参考にしてもよいことを知らせる。
	◇会社の仕組みを振り返りながら，会社にデメリットしかない条件ばかりだとどのような影響があるか想像させ，会社にとっても，労働者にとってもよい条件を検討させる。
5　相互提案を行う。	＊ペアグループをつくり，作成した労働条件通知書の問題点や特徴（よさ）を確認させる。
6　実際働いている人からも意見を聞いて，最終案をまとめる。	＊家族や習い事の先生からも意見を聞いて，最終案として労働条件通知書を宿題としてまとめてくるように伝える。
	＊どの条件が一押しの条件であるか印を付けさせて，おすすめポイントが，社会全体としてどのようなメリットとなるのかを説明できるように準備をさせる。

本節のまとめ

○子どもが学習活動に主体的に参加できる学習環境の整備にむけて，子どもの
　具体的な活動内容を「学習活動」に明示することが重要である。

○子どもの学びを保障し，「分かった」「なるほど」を実感させるために，「指
　導上の留意点」に具体的な支援策を明示することが重要である。

○子どもの特性に応じた指導上の留意点を検討したい。

○「知る」学習活動によって，子どもは新たな発見があったり，疑問を抱いた
　りすることができる。考えたい問いをもち，主体的な学びへと向かわせたい。

5 板書型学習指導案の実際

オリジナル学習指導案を作成しよう

1 1時間の授業を効果的に組み立てることをめざして

　読者の皆さんは，毎日の授業をどのように組み立てておられるであろうか。教科書や指導書を見たり，これまでの自分の実践ノートを振り返ったりしながら，授業内容を確定されていることであろうか。また，授業準備に多くの時間を使うことができておられるだろうか。

　第1章第6節でも提案したように，1時間分の授業の板書案を構想することだけでも，十分な授業研究ができると考えている。そこで，学習指導案の一つの型である，板書型学習指導案の作成手順について説明する。

(1) 探究過程で授業展開を考える

> ① 学習課題設定の場面
>
> 　資料を活用して「矛盾」や「驚き」をもたせる活動を設定する。
>
> ② 予想・仮説の設定場面
>
> 　問いの予想を立てたり，予想を仲間分けして仮説に高めたりする活動を設定する。
>
> ③ 検証の場面
>
> 　資料を活用して確かめる活動を設定する。
>
> ④ まとめの場面
>
> 　検証で分かったことをもとに，問いの答えをまとめる活動を設定する。

まず，①〜④に示す４場面でどのような活動を行うとよいか検討する。そして，子どもの学習活動を見通して，時間配分を決めていくとよい。

(2) 発問計画と指導上の留意点を考える

おおまかな授業展開が決まったら，次に，子どもの学習活動を促す発問を検討する。また，どのような資料を活用するとよいか考えたり，子どもの学習活動が促進される指導上の留意点を検討したりする。

(3) 実際の黒板をイメージした板書案を考える

実際の教室にある黒板をイメージしながら，板書案を検討する。もちろん，実際の黒板に書いてみることが一番効果的である。しかし，移動する電車の中で考えることもあろう。黒板は，ほとんどが横長である。この形式を意識しながら，ノートで板書案を考えてもよい。

板書案作成のポイントをまとめると，次の４点となる。

---

① 活用資料の提示方法を決定する。

　黒板に提示するなら，提示位置と大きさを確定すること。

　ICT を活用して提示するなら，そのことをメモすること。

② 学習課題や予想など，実際に構想している授業展開をもとに，子どもの発言を書く位置を決定する。

③ 子どもの思考をうながすための工夫（矢印や囲みなど）を検討する。

④ 授業のまとめの位置を決め，子どもの言葉で書いて授業のゴールイメージを確定する。

このように授業展開を踏まえた板書型学習指導案を作成することで，授業者自身が，授業の流れをしっかりと確認することができる。また，社会科授業において，思考をうながす重要アイテムである「資料」の種類や活用するタイミングを検討することができる。さらに，子どもの発言を予想すること

ができ，子どもの発言を生かした板書作成スキルも高めることができる。

2 簡易版「板書型学習指導案」

それでは，簡易版「板書型学習指導案」のモデルを提示する。

1 本時の学習：
2 板書案

3 本時の学習活動		
①学習課題の設定 ○発問 ＊指導上の留意点	③資料選択 ○発問 ＊指導上の留意点	⑤まとめ ○発問 ＊指導上の留意点
②予想・仮説の設定 ○発問 ＊指導上の留意点	④検証 ○発問 ＊指導上の留意点	

簡易版「板書型学習指導案」には，授業を展開する上で最低限必要となる「1 本時の学習」「2 板書案」「3 本時の学習活動」の 3 点を示すこととした。

148

簡易版「板書型学習指導案」例
小学校第5学年「水産業がさかんな地域」（1／8時間）

1　本時の学習：おいしい魚がとれるひみつをさぐる！

2　板書案

日本の周りの漁場とおも漁港

電子黒板で写す

問 なぜ、日本には全国各地に漁港があるのだろう

予 海に囲まれているから
海流が流れていて魚がやってくるから

検 大陸だな

さかなのえさ
（プランクトン）
たくさん集まる

潮目

ま 日本のまわりには
大陸だながつながり
潮目もあるため、
よい漁場となっている。

3　本時の学習活動　○主な発問＊指導上の留意点

①学習課題の設定 ○日本にはどれくらい漁港があるかな。 ＊日本地図から全国各地に漁港があることを読み取らせる。 ＊様々な種類の水産物が水揚げされていることを読み取らせる。	③資料選択 ○予想を確かめるために必要な資料を選ぼう。 ＊資料から読み取らせたい情報の視点をもたせる。 ＊教科書や資料集を活用して調べていくことを知らせる。	⑤まとめ ○なぜ，全国各地に漁港があるのか，調べて分かったことをもとにノートにまとめよう。 ＊日本周辺はよい漁場が広がっていることを確認する。 ＊全国各地で水揚げされた魚を食べていることに気付かせ，次時からさらに調べていきたい問いを発表させる。
②予想・仮説の設定 ○なぜ，全国各地に漁港があるのか予想しよう。 ＊直感的な発想も大事にしながら，予想を発表させていく。	④検証 ○資料を使って，予想を確かめていこう。 ＊自然条件（暖流や寒流が流れることや大陸だなが広がること，潮目があることなど）に着目して，魚が多く集まってくることに気付かせる。	

2章　明日の授業づくりに役立つ！学習指導案の授業実践モデル　149

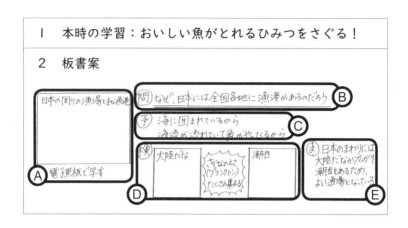

　簡易版「板書型学習指導案」では，ラフスケッチで板書案を示している。授業者がおおまかな板書案を検討することで，授業の流れを具体的にイメージすることができる。本時の授業の流れは，次のA～Eのようになる。

　Aで，大型電子黒板に資料を提示して焦点化を図りながら，Bの学習課題を設定する。そして，Bに対する予想（C）を発表させて資料を収集，選択する。Dで，検証で活用する主な資料を把握し，学習課題の解をまとめるために必要な情報を読み取る。最後に，Eで，検証で分かったことをもとにまとめる。

　初任者や社会科を得意としない先生方にとっては，この板書案を作成すること自体，とても時間がかかることもある。そこで，指導書や書籍等などを参考にしながら，子どもの実態にあった板書案と発問を検討することをおすすめしたい。このような教材研究を積み重ねていくことで，本時のねらいにせまるためにどのような学習課題が適切であるか吟味する力が高まるとともに，本時のねらいが明確化されて導入に時間がかかり過ぎて最後まで進めることができなかったといった状況を回避することができるようになり，子どもにとってもまとまりのある学習活動を提供することとなる。

板書型学習指導案例：小学校第５学年「水産業がさかんな地域」（３／８時間）

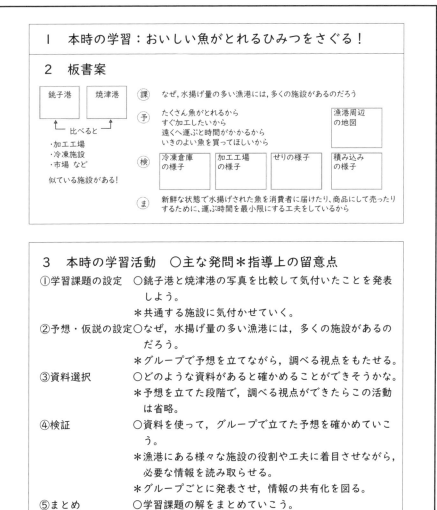

3　本時の学習活動　〇主な発問　＊指導上の留意点

①学習課題の設定　〇銚子港と焼津港の写真を比較して気付いたことを発表しよう。
　　　　　　　　　＊共通する施設に気付かせていく。

②予想・仮説の設定〇なぜ，水揚げ量の多い漁港には，多くの施設があるのだろう。
　　　　　　　　　＊グループで予想を立てながら，調べる視点をもたせる。

③資料選択　　　　〇どのような資料があると確かめることができそうかな。
　　　　　　　　　＊予想を立てた段階で，調べる視点ができたらこの活動は省略。

④検証　　　　　　〇資料を使って，グループで立てた予想を確かめていこう。
　　　　　　　　　＊漁港にある様々な施設の役割や工夫に着目させながら，必要な情報を読み取らせる。
　　　　　　　　　＊グループごとに発表させ，情報の共有化を図る。

⑤まとめ　　　　　〇学習課題の解をまとめていこう。
　　　　　　　　　＊鮮度を保ち，良質な状態で消費地に届けようとしていることに気付かせる。

「板書型学習指導案」は，一目で分かりやすいものであることが大前提である。作成する授業者にとって，授業の流れがつかみやすいものであれば，どのような形式であってもよいのではないだろうか。

3 初任者研修（校内研修）での活用

文部科学省は，新任教員の校内研修を週10時間以上，年間300時間以上実施することを求めている。この研修内容については，基礎的素養，学級経営，教科指導，生徒指導等多岐にわたっており，各学校によって様々な研修計画が作成されている。その中で，教科指導においては，「指導教員による初任者授業の観察・助言」は実施されているのではないだろうか。

初任者研修の指導教員を経験してきたなかで，初任者に対して，板書型学習指導案を活用した研修を実施してきた。指導教員は，初任者の授業を毎週数時間参観することとなる。それに対して，初任者はすべての授業で学習指導案を作成して研修を受けることは，実質的に不可能である。そこで，指導教員の参観の視点となる研修記録（資料1）を，週に1回は作成することを初任者にお願いした。

資料1を見ると，授業計画の学習活動には本時のおおまかな流れが示されている。参観する指導教員はこの学習活動を見れば，本時の授業展開を想起することができる。本時は，「圃場整理のメリット」に着目させて，学習課題を探究させることをめざしていることが分かる。

この研修記録があれば，指導教員は，授業者の発問や子どもの活動の様子を参観したうえで，授業者の発問や学習活動の有効性について事後指導で取り上げることが可能となる。授業の進め方や黒板の活用方法などについても，具体的な改善策を話し合うこともでき，初任者の授業スキルを高めていくことにもつながる。

資料1　研修記録の様式

2020年度　研修記録 研修領域　③教科指導	授業日：2020年9月28日（火） 授業者：
授業計画	
単元名	米作りのさかんな地域（4／8時間）
本時の目標	圃場整理と機械化によるメリットを資料から読み取り，ノートに整理することができる。【技能】
学習活動	1　学習課題の設定 　　圃場整理前後の航空写真の比較。 2　相違点の発表 　　区画の大きさや整った形であることに気付かせる。 3　調べ活動 　　圃場整理によるメリットをグループで資料を使って調べさせる。 4　まとめ 　　学習課題の解を発表し学級で共有させる。

本時の板書計画　＊手書きで作成してもよい。

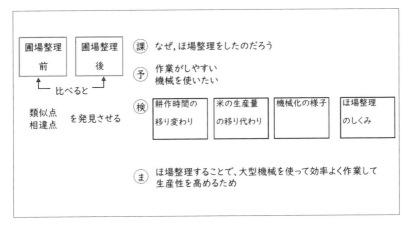

資料2　授業記録として活用

2024年度　授業記録	授業日：2024年7月12日
授業計画	

単元名	現代社会をとらえる枠組み（4／8時間）
本時の目標	効率と公正の視点から，新設する防災備蓄倉庫についてよりよい設置場所を考えることができる。【思考，判断，表現】
学習活動	1　学習課題の設定 　　電子黒板の資料を提示（判断に必要な情報収集）。 2　一次判断（限られた情報提示のもと選択する） 　　防災備蓄倉庫の設置場所を4カ所から選ぶ。 3　グループで最終決定に向けた話し合い 　　地区の状況や人口構成を読み取らせて，グループでよりよい設置場所を選択する。 4　二次判断（様々な情報を根拠に選択する） 　　判断理由を発表する。
本時の板書計画	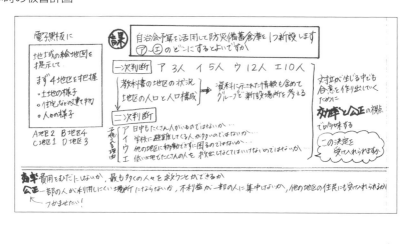

資料1を活用して，授業記録として蓄積することも可能となる（資料2）。日常の業務の中で，教材研究にかける時間は限られているだろう。だからと言って，教材研究はできない，学習指導案を作成しないといったままでは教員一人ひとりの授業力は向上しない。だからこそ，時間をあまりかけずに，授業を構想することが重要である。

初任者をはじめ学校教育現場で実践をされている先生方には，日常の教材研究において授業づくりの面白さや楽しさを味わいながら，オリジナルの学習指導案を年に数回は作成していただけることを心から願っている。このような営みは，授業者の授業力向上に必ずつながる。子どもが主体的に学び，「分かる」「なるほど」と実感できる授業が展開されるようになれば，先生方は授業づくりに注力できる時間が増えることを信じている。

本節のまとめ

○授業展開を踏まえた板書型学習指導案を作成することで，授業者自身が，授業の流れをしっかりと確認することができる。

○思考をうながす重要アイテムである「資料」の種類や活用するタイミングを検討することができる。

○子どもの発言を予想することができ，子どもの発言を生かした板書を作成するスキルも高めることができる。

○授業者がひと目で授業の流れが分かるように，オリジナルの板書型学習指導案を開発していけるとよりよい。

2章　明日の授業づくりに役立つ！学習指導案の授業実践モデル　155

おわりに

　本書を執筆するに当たって，ゼミ修了生や継続的に共同研究している研究会に，次のようなお願いをした。

　「今までの授業やゼミ，講演において強調してきた学習指導案についての主張（理論）を項目立てして整理してほしい」。小生の学習指導案についての理論が，どれだけゼミ修了生，研究会に届いているのかを確認したかったのである。それは小生のこれまでの営みを評価することにもなる。

　多くのゼミ修了生や研究会からメールが届いた。それを章立てにして整理してくれたのが植田真夕子である。植田は小生と同じように，小，中学校の教員と指導主事の経験がある。また，授業実践記録をていねいに保存している。それをもとにして，小生の理論を実践に反映させて論じてくれた。

　本書の基盤には，我が恩師岩田一彦の理論が埋め込まれている。岩田は，学習指導案について詳しく論じている唯一の社会科教育学者である。

　大学院の最初のゼミでは，「今までに書いた学習指導案の中で最もよいと判断するものを持参し，その特徴をレポートする」ことになっていた。「学習指導案を見れば，その県の授業の力量が見えます。島根，岐阜，奈良がいいですね」。小生が持参した学習指導案は，我が恩師岩田一彦編著のモデル原稿となった。

　本書の初校を校正していた2024年7月1日に，我が恩師岩田一彦が帰らぬ人となった。半月前にお電話で新著の話をした。「楽しみに待っています」が最後の言葉となった。小生にとって，学問的な意味でもいかに生きるかという意味でも，本当の師であった。「研究で自分を語ってはならぬ」。先生のお言葉である。本書では，小生の学習指導案を書く苦しみ，喜びも書いた。お許し願いたい。

　心からご冥福をお祈りするとともに，本書を我が恩師岩田一彦に捧げます。

　今回も及川誠様に大変お世話になった。心から感謝申し上げます。

2024年8月

米田　豊

【著者紹介】
米田　豊（こめだ　ゆたか）
小，中学校教諭，奈良県教育委員会，橿原市教育委員会指導主事を経て，2006年より兵庫教育大学大学院教授，理事・副学長，2021年4月より兵庫教育大学名誉教授。
著書に，『「主体的に学習に取り組む態度」を育てる社会科授業づくりと評価』（明治図書，2021年）などがある。

植田　真夕子（うえだ　まゆこ）
小，中学校教諭，津島市教育委員会指導主事を経て，2023年4月より北海道教育大学旭川校准教授。
月刊誌『社会科教育』にて，「子どもの情報活用能力を育成する地図指導」を連載中。

学習指導案の理論と方法

2024年9月初版第1刷刊　Ⓒ著　者　米　田　　　豊
　　　　　　　　　　　　　　　　植　田　真夕子
　　　　　　　　　　　発行者　藤　原　光　政
　　　　　　　　　　　発行所　明治図書出版株式会社
　　　　　　　　　　　　　　　http://www.meijitosho.co.jp
　　　　　　　　　　　（企画）及川　誠（校正）川上　萌
　　　　　　　　　　　〒114-0023　東京都北区滝野川7-46-1
　　　　　　　　　　　振替00160-5-151318　電話03(5907)6703
　　　　　　　　　　　　　　　ご注文窓口　電話03(5907)6668
＊検印省略　　　　　　組版所　中　央　美　版
本書の無断コピーは，著作権・出版権にふれます。ご注意ください。

Printed in Japan　　　　　ISBN978-4-18-021829-5
もれなくクーポンがもらえる！読者アンケートはこちらから→

粕谷昌良の「考えたくなる」社会科授業

粕谷昌良 著

子どもが進んで考えたくなる社会科授業づくりの秘訣が満載!

「子どもが進んで考えたくなる」社会科授業づくりのポイントを,徹底解説。子どもの見取りから単元の授業デザイン,問いの吟味から学習の複線化,学習評価までを網羅。多様な価値観への理解と視野がひろがる,社会科授業づくりの「はじめの一歩」となる入門書です。

A5判　184頁
定価 2,200 円 (10%税込)
図書番号 2635

中学校社会サポートBOOKS
見方・考え方を鍛える!学びを深める 中学社会授業ネタ50

梶谷真弘 編著

楽しみながらどんどん力がつく!中学社会おすすめ授業ネタ50選

授業に求められる本質は、「学びたくなる」「全員が参加できる」「力をつける」の3つです。単に面白いだけの授業ネタではなく、見方・考え方を鍛え、学びを深める授業ネタを!中学校3分野の単元別に,すぐ使える魅力的な授業ネタを50本収録した必携の1冊です。

中学地理
A5判 128頁 定価 1,980 円 (10%税込)　図書番号 3597
中学歴史
A5判 128頁 定価 1,980 円 (10%税込)　図書番号 3598
中学公民
A5判 128頁 定価 1,980 円 (10%税込)　図書番号 3599

スペシャリスト直伝! 社会科授業力アップ 成功の極意

学びを深める必須スキル

佐藤正寿 著

社会科授業づくりの秘訣がぜんぶわかる!

好評のスペシャリスト直伝!シリーズ「社会科授業力アップ」編。学びを深める必須の授業スキルを,教材研究と多様な学びの生かし方もまじえて,授業場面を例にはじめの一歩から丁寧に解説。授業のスペシャリストが子どもが熱中する授業の極意を伝授する必携の1冊です。

A5判　136頁
定価 1,760 円 (10%税込)
図書番号 2899

STEP UP
全学年対応 社会科授業アイデア

石井英真・由井薗 健 監修／
子どもとつくる社会科授業研究会 著

社会科がもっと好きになる!ワンステップ高める楽しい授業づくり

「社会科をもっと好きに」「もっと楽しい授業に」という願いを実現する!あと一歩ステップアップするための社会科授業アイデア集。学年別・単元別に,子どもをひきつける教材づくりや熱中する学習方法,ワンステップ高めるポイントと具体的な授業プランをまとめました。

A5判　208頁
定価 2,376 円 (10%税込)
図書番号 3788

明治図書　携帯・スマートフォンからは **明治図書ONLINE へ**　書籍の検索、注文ができます。▶▶▶

http://www.meijitosho.co.jp　*併記4桁の図書番号(英数字)でHP、携帯での検索・注文が簡単に行えます。

〒114-0023　東京都北区滝野川7-46-1　ご注文窓口　TEL 03-5907-6668　FAX 050-3156-2790

Shared Leadership
シェアド・リーダーシップで学級経営改革

赤坂真二・水流卓哉 著

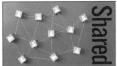

「シェアド・リーダーシップ」で誰もが活躍できる学級に！

「シェアド・リーダーシップ」は、それぞれの得意分野に応じて必要なときにリーダーシップを発揮する考え方です。能力に凸凹のある子ども達が、それぞれの強みを生かしてリーダーシップを発揮していける「全員がリーダーになり活躍できる」学級経営の秘訣が満載です。

A5判 216頁
定価2,486円（10%税込）
図書番号 4209

明日も行きたい教室づくり
クラス会議で育てる心理的安全性

赤坂真二 著

教室全体を、明日も行きたくなる「大きな安全基地」に！

いじめや不登校、学級の荒れなど教室に不安を抱える児童生徒は少なくありません。子どもが明日も行きたくなる教室づくりに必要なのは「心理的安全性」です。アドラー心理学の考え方に基づくアプローチとクラス会議を活用した「安全基地」としての教室づくりアイデア。

A5判 208頁
定価2,376円（10%税込）
図書番号 3292

人間関係形成能力を育てる
学級経営365日ガイドブック
1年 2年 3年 4年 5年 6年

赤坂真二・髙橋朋彦・宇野弘恵・深井正道・松下 崇・岡田順子・北森 恵 著

学級づくりの必読書

図書番号 3721～3726
A5判 168頁～208頁
定価2,376円～2,486円（10%税込）

☆人気著者が学年別に1年間365日の学級づくりのポイントを徹底解説！
☆人間関係形成能力をキーワードに、月ごとの学級づくりの具体的な取り組みを直伝！

人間関係形成能力を育て、学びやすく居心地のいいクラスづくりへ！子どもたちの「つながる力」を引き出すことで、学級は最高のチームになります。各学年別に、1年間365日の学級づくりについて、月ごとのポイントをまとめてわかりやすく解説した学級担任必携の書です。

明治図書　携帯・スマートフォンからは **明治図書ONLINEへ** 書籍の検索、注文ができます。▶▶▶

http://www.meijitosho.co.jp ＊併記4桁の図書番号（英数字）でHP、携帯での検索・注文が簡単に行えます。

〒114-0023　東京都北区滝野川7-46-1　ご注文窓口　TEL 03-5907-6668　FAX 050-3156-2790

教師と保護者ための
子どもの学び×ＡＩ入門

福原 将之 著

子どもたちが将来ＡＩ格差に陥ることなく幸せに生きるために，私たちが今出来ることとは？教育における生成ＡＩの基礎基本と活用ポイントをまとめたトリセツに加え，最新の教育活用事例を取材をもとに詳しく解説します。ＡＩ時代の教師と保護者にとって必携の一冊です。

Ａ５判 160 ページ／定価 2,046 円（10% 税込）
図書番号 3141

令和型不登校対応マップ
ゼロからわかる予防と支援ガイド

千葉 孝司 著

近年また増加傾向にあると言われる不登校。コロナ禍やＳＮＳの影響など，不登校の原因も社会情勢や環境の変化により多様化してきています。正解がない令和ならではの不登校対応について，教師と子どもの場面別の会話例も入れて解説しました。明日の道標となる１冊です。

Ａ５判 144 ページ／定価 2,046 円（10% 税込）
図書番号 2411

『学び合い』
誰一人見捨てない教育論

西川 純 著

「一人も見捨てない」教育は，『学び合い』でどのように実現出来るのか。その基礎基本からつまずくポイント，読者からの疑問に応えるＱ＆Ａから『学び合い』の応用法，活かし方までを１冊にまとめました。個別最適な学びを目指すこれからの教育に必携の書です。

Ａ５判 176 ページ／定価 2,266 円（10% 税込）
図書番号 2634

苦手でもできる！
ＩＣＴ＆ＡＩ活用超入門
個別最適な授業づくりから仕事術まで

朝倉 一民 著

ＩＣＴやＡＩって言われても…という先生も必見！授業での子どものやる気向上と校務の効率化を実現する！！ＩＣＴ＆ＡＩ活用はじめの一歩。個別最適な学びを目指した一斉学習・個別学習・協働学習での活用法から学年別ＩＣＴ授業プラン，校務で活用する仕事術までを紹介。

Ａ５判 152 ページ／定価 2,266 円（10% 税込）
図書番号 1633

明治図書　携帯・スマートフォンからは **明治図書ONLINEへ** 書籍の検索・注文ができます。▶▶▶

http://www.meijitosho.co.jp ＊併記4桁の図書番号（英数字）で、HP、携帯での検索・注文が簡単に行えます。

〒114-0023　東京都北区滝野川7-46-1　ご注文窓口　TEL 03-5907-6668　FAX 050-3156-2790